청소년
퍼스널 브랜딩
법칙

청소년
퍼스널 브랜딩
법칙

초판 1쇄 인쇄 _ 2014년 8월 29일
초판 1쇄 발행 _ 2014년 9월 2일

지은이 _ 백윤서

펴낸곳 _ 바이북스
펴낸이 _ 윤옥초
편집팀 _ 도은숙, 김태윤, 문아람
디자인팀 _ 이민영, 김미란, 이정은

ISBN _ 978-89-92467-87-2 03190

등록 _ 2005. 7. 12 | 제 313-2005-000148호

서울시 마포구 양화로 78 1003호
편집 02)333-0812 **| 마케팅** 02)333-9077 **| 팩스** 02) 333-9960
이메일 postmaster@bybooks.co.kr
홈페이지 www.bybooks.co.kr

책값은 뒤표지에 있습니다.

책으로 아름다운 세상을 만드는 — 바이북스

청소년
퍼스널 브랜딩
법칙

백윤서 지음

바이북스
ByBooks

1318 청소년에게
나침반이 되길 기대하며

한국에서 청소년으로 산다는 것은 예전과는 다르게 많은 자기 계발 시간이 필요하다. 실제 친구들만 봐도 학원이다 뭐다 하며 많은 것을 배우고 익히기 위해 노력하는 모습들을 심심치 않게 볼 수 있다. 그런데 이제는 배우고 익혀야 하는 것과 방법 들이 매우 다양해졌다. 내 친구 미정이는 스튜어디스가 꿈이라며 벌써부터 스튜어디스 학원에 나가 취업생들과 당당히 실력을 겨누고 있고, 요리사가 꿈인 친구 다진이는 고1 때부터 꾸준히 요리 학원에 나가고 있다. 이 친구들의 공통점은 일찍부터 자신의 꿈과 목표를 정해 자신이 나아가야 할 길을 매우 구체적이고 전문적으로 준비하고 있다는 점이다.

필자인 나도 어려서부터 다양한 문화에 대해 호기심을 갖고 미래에 문화를 기반으로 한 문화 콘텐츠 사업을 하는 문화 CEO가 되는 꿈을 꾸며 여행, 글쓰기, 작품 활동 등을 통해 꾸준히 미래의 꿈을 키워나가고 있는데, 부모님과 선배들의 이야기를 들어보면 불과 10년 전만해도 청소년 시기에 이런 활동들을 한다는 것 자체가 매우 드문 일이었다고 한다. 그래서 나는 이렇게 불과 10년을 전후로 청소년들이 다양하게 자신의 꿈을 향해 노력하게 된 사회적 환경의 변화와 이유에 대해 생각해보았다.

불과 10~20년 전에는 청소년들이 자신의 꿈을 위해 어른들과 경쟁한다는 것 자체가 매우 드문 일이었다. 과거에는 사회가 철저하게 어른과 청소년의 경계를 구분 지어놓고 있었기 때문에 청소년들이 어른들과 당당하게 실력을 겨룬다는 자체가 매우 특이했다. 하지만 10~20년이 지난 지금 우리 사회는 매우 급속하게 변화했고 그만큼 청소년들이 기존 사회 제도에 유입되는 시기도 빨라졌다.

실제 미국이나 유럽에서는 만 14세가 되면 자신의 용돈은 자신이 벌어 쓰는 청소년이 82퍼센트가 된다고 한다. 이는 가정의 경제 형편을 떠나 청소년들에게 강한 자립심과 경제관념을 길러주기 위한 사회적 패러다임의 한 부분이라고 한다. 자본주의 사회에 잘 적응할 수 있도록 이렇게 미래 사회의 근간이 되는 청소년들을 훈련시키고 단련시켜서 자국의 미래 경쟁력을 높이는 것이다. 이런 시대적 추세 때문인지 우리나라도 많은 부분을 청소년들에게 열어놓고 있다.

다시 말해 시대적 패러다임이 우리나라 청소년들에게도 불어 닥친 것이다. 지금을 살아가는 우리들은 입시나 취업 전선에서 성인 못지 않은 경력과 스펙을 요구당하고 있다.

대학은 성적만으로 학생들을 선발하지 않고 다양한 방법으로 그 분야의 전문성과 전공 역량을 기준으로 학생들을 선발하고 있고, 기업도 학력 파괴를 캐치프레이즈로 내걸며 자신의 분야에 우수한 경력과 스펙이 있는 청소년들을 선발하고 있다. 이것이 2015년도를 살아가는 우리 청소년의 현실이며 우리의 자화상이다.

그런데 서점을 가거나 방송을 봐도 어디 한 군데 우리를 위한 경력 개발 지침서나 프로그램은 없는 것 같다. 어른들을 위한 자기 계발서들은 많아도 청소년들의 경력과 스펙 개발을 다룬 책은 흔하지 않은 실정이다.

그래서 필자는 청소년의 입장에서 청소년들을 위한 퍼스널 브랜딩 책을 써보면 좋지 않을까 생각했고 열아홉 살의 눈으로 본 1318 청소년 퍼스널 브랜딩 책을 쓰게 되었다. 이 책이 우리 또래가 이 치열한 시대를 살아가는 데 하나의 좋은 나침반이 되길 바란다.

/ 목차 /

프롤로그 1318 청소년에게 나침반이 되길 기대하며 • 4

Chapter
01 퍼스널 브랜딩이란
무엇인가?

PART 1
청소년의 눈으로 바라본 자기 계발의 중요성

우리는 왜 퍼스널 브랜딩을 해야 하는가? • 13   어떤 학과 어떤 직업을 선택할까? • 22

청소년 퍼스널 브랜딩이란? • 19   청소년 커리어의 중요성 • 43

진로 로드 맵 짜기 • 20

PART 2
퍼스널 브랜딩 커뮤니케이션 법칙

말 잘하는 커뮤니케이션 방법 • 45

대중을 사로잡는 커뮤니케이션 방법 • 48

PART 3
1318 자기 계발과 상상력

낯선 것과 친해지기 • 52

관점 익히기 • 55

가치 찾기, 가치 만들어내기 • 58

PART 4
해외 리더 브랜딩 사례

58세의 나이는 나의 열정을 막지 못했다 • 62   어려운 아프리카 아이들에게 희망을 • 66

공정 무역의 가치 • 64   IT 디자이너 • 68

Chapter
02 | 1318
퍼스널 브랜딩

PART 1

청소년 커리어 퍼스널 브랜딩 18가지 법칙

인맥 쌓기 • 75

감정 다스리기 • 80

직접 체험하기 • 90

롤 모델과 멘토 찾기 • 115

소통하기 • 118

자기 PR하기 • 124

창의적으로 놀기 • 128

방황하지 않기 • 136

버킷 리스트 만들기 • 138

작품 만들어보기 • 141

여행하기 • 145

문화에 미치기 • 151

외국어에 능통하기 • 157

입장 바꿔 생각해보기 • 159

진심으로 누군가 믿어주기 • 161

나만의 이미지 만들기 • 165

프로젝트 진행하기 • 169

브랜드 아이덴티티 키우기 • 172

PART 2

우리나라 청소년 브랜딩 사례

모델이 되고픈 성은이 • 175

평범한 사람들을 위해 일하고 싶은 영주 • 181

타인과 소통하고 배려하는 능력을 배운 유민 • 187

병약한 몸으로 공모전에 도전한 설희 • 192

고교 입시는 실패했으나 대학 입시는 성공한 정인 • 196

에필로그 내 것 찾기 • 199

부록 • 200

Chapter
01

퍼스널 브랜딩이란
무엇인가?

PART 01

청소년의 눈으로 바라본
자기 계발의 중요성

청소년기는 다양한 동기 부여와 개인의 체험을 통해
본인의 적성과 진로를 찾아나가야 한다. 그렇게 1단
계 본인의 진로 로드 맵이 결정되면 그 로드 맵을 행
동으로 옮기는 구체적인 과정을 통해 자신의 퍼스널
아이덴티티를 브랜드화시켜나가야 한다.

우리는 왜 퍼스널 브랜딩을 해야 하는가?

퍼스널 브랜딩이 필요한 이유는 너무나도 다양해진 직업과 관련 전공들이 존재하기 때문이다. 2014년 우리나라 인기 직업 분류표를 보면 다양한 직업군이 존재하는 것을 볼 수 있다.

다음의 일반 직업군 외에 앞으로 발전할 직업군을 더 살펴보면 우리나라에도 매우 다양한 직업군들이 있음을 볼 수 있는데, 이는 우리의 사회적 트렌드가 어떻게 변화하고 있는지 보여주는 단적인 예다.

	트렌드 변화	발전 직업군
1	고령 인구 증가	노인 복지 컨설턴트, 노인 상담사, 간병인, 노인 취업 상담사
2	건강과 웰빙	의료 코디네이터, 의료 통역사, 의료 관광사, 의료 여행 상품 기획자, 여가 경영사
3	인구 트렌드 변화	다문화 가정 상담사, 다문화 자녀 교육 전문사, 다문화 컨설턴트
4	환경 문제	그린 에너지 기술사, 신재생 에너지 전문가, 기상 컨설턴트, 에너지 컨설턴트
5	기술 융합	빅 데이터 전문가, 정보 보안 전문가, 가상 현실 전문가, IT 전문가, 유비쿼터스 전문가
6	서비스 전문직 발전	경영 컨설턴트, SNS 마케팅 전문가, 커리어 컨설턴트, 직업 상담사, 경력 단절 상담사

만족도가 높은 직업 Top 100

	직업 코드	평균	N	표준 편차
1	초등학교 교장	17.8667	30	1.94286
2	성우	17.6	30	2.04434
3	상담 전문가	17.5625	32	2.18407
4	신부	17.5	30	2.06364
5	작곡가	17.4333	30	2.06364
6	학예사	17.4333	30	2.04574
7	대학교수	17.237	211	2.2341
8	국악인	17.2	30	1.66919
9	아나운서	17.2	30	2.13993
10	놀이 치료사	17.1667	30	1.96668
11	도선사	17.1667	30	1.39168

	직업 코드	평균	N	표준 편차
12	한의사	17.1333	30	1.85199
13	심리학 연구원	17.1	30	2.02314
14	대학교 총장	17.0667	30	1.98152
15	취업 지원관	17	90	1.60056
16	초등학교 교사	16.9667	30	1.86591
17	웃음 치료사	16.9667	30	2.07586
18	세무사	16.9333	30	2.03306
19	작사가	16.9333	30	2.24274
20	특수 교사	16.8667	30	2.11291
21	컴퓨터 프로그래머	16.8	30	1.91905
22	판사	16.7667	30	1.50134
23	보험 계리사	16.7667	30	1.79431
24	송배전 설비 기술자	16.7667	30	2.68692
25	임상 심리사	16.7333	30	1.41259
26	이미지 컨설턴트	16.7333	30	2.50425
27	번역가	16.7333	30	1.94641
28	장학사	16.7	30	1.74494
29	화가	16.7	30	1.93248
30	관세사	16.7	30	2.07032
31	연극배우	16.6667	30	2.10637
32	한지 공예가	16.6556	90	1.90894
33	외환 딜러	16.6333	30	2.07586
34	철학 연구원	16.6333	30	2.23581
35	노무사	16.6	30	2.0778
36	소설가	16.6	30	1.5669
37	안무가	16.6	30	1.5669
38	보험 설계사	16.5667	30	1.71572

	직업 코드	평균	N	표준 편차
39	성악가	16.5667	30	2.06253
40	유치원 원장	16.5667	30	1.47819
41	목사	16.5667	30	1.25075
42	태양열 연구 및 개발자	16.5444	90	1.78106
43	사서	16.5333	30	2.47377
44	음악 치료사	16.5333	30	2.17721
45	의사	16.5126	396	1.94021
46	기록물 관리사	16.5	30	1.22474
47	항공공학 기술자	16.5	30	2.16158
48	사회단체 활동가	16.5	30	2.13183
49	중·고등학교 교장	16.4667	30	1.97804
50	의학 연구원	16.4667	30	1.6344
51	육군 장교	16.4667	30	3.41127
52	해외 영업원	16.4667	30	1.61316
53	태양광 발전 연구 및 개발자	16.4667	30	1.61316
54	시인	16.4333	30	1.71572
55	고위 공무원	16.4	30	1.16264
56	풍력 발전 연구 및 개발자	16.3667	90	1.67231
57	변호사	16.3667	30	2.55266
58	국악 연주가	16.3667	30	1.90251
59	보험 관리자	16.3548	31	2.97264
60	에너지공학기술자	16.333	30	2.2024
61	토목 구조 설계 기술자	16.2667	30	1.91065
62	수산학 연구원	16.2333	30	1.91065
63	지리학 연구원	16.2333	30	2.17641
64	전도사	16.2333	30	1.54659
65	미용사	16.2286	35	2.15267

	직업 코드	평균	N	표준 편차
66	헬리콥터 조종사	16.2162	37	1.95981
67	금융 관리자	16.2	30	2.31006
68	헬리콥터 정비원	16.2	30	2.10746
69	음반 기획자	16.2	30	1.74988
70	항공기 조종사	16.1944	36	1.67023
71	사회학 연구원	16.1667	30	2.18274
72	색채 연출 전문가	16.1667	30	1.91335
73	국회 의원	16.1667	30	3.24923
74	나노공학 기술자	16.1667	30	1.80198
75	교육 및 훈련 사무원	16.1333	30	1.85199
76	미술 치료사	16.1333	30	1.61316
77	한복 제조원	16.1333	30	2.0126
78	정보 통신 관련 관리자	16.1333	30	1.79527
79	항공권 발권 사무원	16.1333	30	1.79527
80	생명정보학자	16.1333	30	2.1453
81	교무(원불교)	16.1333	30	2.22421
82	교통안전 연구원	16.1333	30	2.20866
83	선박 운항 관리사	16.1	30	2.33932
84	바이오 에너지 연구 및 개발자	16.1	90	1.35787
85	문화재 감정 평가사	16.0899	89	1.25807
86	인쇄 및 광고 영업원	16.0667	30	2.18037
87	임업 기술자	16.0667	30	1.36289
88	건축 감리 기술자	16.0667	30	1.55216
89	소음 진동 기술자	16.0667	30	2.14851
90	교사	16.0443	271	2.12696
91	평론가	16.0333	30	2.09241
92	법학 연구원	16.0333	30	2.26645

	직업 코드	평균	N	표준 편차
93	요리 강사	16	30	1.17444
94	속기사	16	30	2.71649
95	상품 기획자	16	30	1.31306
96	천문 및 기상학 연구원	16	30	1.89373
97	생명과학 시험원	16	30	2.58644
98	프로 골프 선수	16	30	2.13348
99	임상 연구 코디네이터	16	30	1.57568
100	투자 분석가	16	30	2.28941
101	청능 치료사	16	30	1.81944

※ 자료 출처 : 한국고용정보원

위에서 보듯 지금의 시대는 IT, CT, BT의 영역으로는 부족한 시대다. 기술이 융합되고 인문학이 기술 영역과 복합되는 시대에 우리는 살고 있다. 3D 프린터가 나오고 머지않아 우주여행에 대한 관심도 현실화될 수 있는 이 시대는 예전보다 더 빠르게 움직이고 변하고 있다. 이처럼 빠르게 변화하는 사회 속에서 살아남기 위해 개인은 자신만의 아이덴티티를 명료하게 정립해야 하고, 그 정립된 개인의 브랜드를 객관적으로 사람들에게 알리는 것이 중요하다. 비단 정치인이나 기업가 스포츠 스타나 연예인 들만이 자신의 이름과 명성으로 살아가는 시대는 지났다.

이제는 일반인들도 또 우리 같은 청소년들도 이 빠르게 변화하는 시대를 살아가고, 당당하게 삶을 살아가기 위해서는 자신의 퍼스널 브랜딩과 마케팅이 필요하다. 대학에 입학하기 위해, 또 취업하기 위해 이미 퍼스널 브랜딩은 청소년기에 정립되고 올바르게 전략화되어야 한다.

청소년 퍼스널 브랜딩이란?

청소년들의 퍼스널 브랜딩은 성인들의 퍼스널 브랜딩과는 그 과정에 차별성이 있어야 한다. 그 이유는 청소년기는 개인의 퍼스널 아이덴티티가 형성되는 시기이기 때문이다. 올바른 청소년기의 퍼스널 브랜딩이 정립되기 위해서는 청소년기의 퍼스널 아이덴티티 확립이 중요하다. 청소년기는 다양한 동기 부여와 개인의 체험을 통해 본인의 적성과 진로를 찾아나가야 한다. 그렇게 1단계 본인의 진로 로드 맵이 결정되면 그 로드 맵을 행동으로 옮기는 구체적인 과정을 통해 자신의 퍼스널 아이덴티티를 브랜드화시켜나가야 한다.

진로로드 맵 짜기

나를 찾아서?

나는 누구인가? 나는 무엇을 향해 나가고 있나? 미래 내 꿈은 무엇이지? 과연 내가 할 수 있는 것들은? 이런 질문에서부터 개인의 퍼스널 브랜딩은 시작된다. 여태 시험과 입시 또는 취업 문제로 골머리를 썩고 있었다면 이제는 한 발짝 뒤로 물러서서 자신에게 질문해보자. 과연 내가 구체적인 방법으로 무언가를 해나가고 있는지, 또는 이 방법과 방향이 맞는 것인지를 오히려 성적이 잘 안 나오거나 슬럼프가 왔을 때는 하던 일을 잠시 중단하고 가만히 자신의 모습에, 자신의 목소리에 귀 기울여보자. 내가 정말 하고 싶은 일을 하고 있는 건지, 내가 정말 무엇을 했을 때 가장 행복한지를 꼼꼼히 생각해보자.

마음속으로 크게 심호흡을 하고 자신이 어떤 일을 할 때가 가장 행복한지 세 가지를 생각해서 부록 1 '가장 행복한 3가지'를 작성해보자. 여기에 쓴 행복한 세 순간이 결국 미래 여러분이 하고자 하는 일과 연관성이 있을 때 비로소 여러분들은 올바른 아이덴티티 방향을 잡은 것이다.

　만일 빈 칸에 쓸 내용이 없거나 빈 칸에 쓴 내용과 지금 자신이 준비하고 있는 미래 목표와 방향이 다르다면 현 단계에서 자신의 방향과 목표에 대해 다시 한 번 진지하게 고민해야 한다.

어떤 학과 어떤 직업을 선택할까?

자신의 목표가 정해졌다면 이제는 이 목표를 구체화시킬 수 있는 대학의 학과나 직업을 선택해야 한다.

비즈니스 소양 직업군

은행, 증권 회사, 신용 조합이나 유사한 금융 기관 그리고 개인 및 사업 대출, 예금 인수, 증권, 선물 매매, 투자 자금 운용, 신탁 관리, 부동산이나 기타 관련 활동의 청산을 맡고 있는 기관 등의 부서 운영을 계획, 조직, 지휘하는 자

❶ 회계사

회계사는 기업의 경제, 재정적 상태를 나타내는 회계 재무제표를 작성하고 확인하는 전문가다. 회계사가 되기 위해서는 경영학과, 회계학과, 경제학과 등을 졸업하고 공인 회계사 시험에 합격해야 한다.

❷ 경영 컨설턴트

경영 컨설턴트는 기업 경영에 대한 전반적인 사항들을 CEO와 조율해 경영 전략을 만들고 컨설팅하는 전문가를 말한다. 기업 경영 분야에는 인사, 노무 관리, 마케팅, 생산 개발 분야가 있고, 관련 학과로는 경영학, 경제학과 등이 있다.

❸ 외환 딜러

외환 딜러는 국제 금융 시장에서 통용되는 화폐를 거래하는 금융 전문가다. 외환 딜러는 시시각각 변화하는 화폐 가치를 파악하고 변동을 예측해야 하는 직업이므로 상황 분석 능력이 매우 중요하다. 관련 학과로는 금융학과, 통계학과, 경영학과, 경제학과 등이 있다.

❹ 자산 분석가

자산 분석가는 자산의 가치를 분석하고 어디에 투자해야 하는지를 분석하는 전문가다. 자산 분석과 투자 분석은 다양하고 어려운 일이 므로 다양한 분야에 대한 전문 지식과 분석력이 필요하다. 진출 분 야는 증권사, 은행, 투자 전문 회사 등이 있다.

언론 방송 소양 직업군

라디오, 텔레비전 방송국 기자, 아나운서, 방송 프로듀서, 신문사 기자를 말 하며, 일반 대중에게 매체를 통해 정보를 제공하고 시사, 오락 프로그램을 만들고 보도하는 일을 담당한다.

❶ 아나운서

아나운서는 무언가를 알리는 사람을 뜻한다. 방송에서 뉴스를 전달하거나 대중에게 정보를 알리는 일을 하는 사람을 아나운서라고 한다. 아나운서가 되기 위해서는 방송국 공채에 합격해야 하고, 관련 전공은 신문방송학, 국어국문학, 언론정보학, 미디어학, 문화콘텐츠학 등이 있다.

❷ 기자

기자는 방송이나 신문 매체를 통해 대중에게 세상의 소식과 일들을 전달하는 직업이다. 기자는 신문 기자, 방송 기자, 잡지사 기자, 사내 기자 등이 있으며 기자가 되기 위해서는 사회학, 심리학, 국어국문학, 자연과학 등 다양한 전공이 있다.

❸ 방송 프로듀서(PD)

방송 프로듀서는 드라마, 교양, 다큐멘터리 등의 방송을 연출하는 연출자다. 주로 공채를 통해 방송국에서 일을 하거나 경력을 쌓은 뒤 독립 프로덕션에서 일을 하기도 한다. 관련 학과로는 국문학과, 문예창작과, 영상학과, 영화연극학과, 사회학과, 심리학과, 자연과학 계열 등이 있다.

관광 여행 소양 직업군

관광사나 호텔에서 일하거나 비행기 승무원들을 말하며 여행을 기획하고 개발하는 여행 개발자들이 속해 있는 직업군이다. 창의적이고 발로 뛰는 행동력이 강한 사람들에게 맞는 직업군으로 대중에게 보다 재미있고 편안한 여행, 관광 콘텐츠를 제공한다.

❶ 여행 상품 개발자

여행 상품 개발자는 사람들에게 좋은 여행 상품을 보여주기 위해 노력하는 여행 기획가다. 여행 상품 개발자는 여행에 대한 경험과 자신만의 노하우로 사람들에게 보다 다양하고 풍성한 여행 상품을 선보이기 위해 노력하는 직업이다. 관련 학과는 관광학, 국제관광학, 여가경영학 등이 있다.

❷ 항공기 승무원

항공기 객실 승무원은 항공기 기내 안에서 고객들에게 필요한 서비스를 제공하는 직업이다. 여성들에게 인기가 많은 직업으로 자유롭게 많은 나라를 여행 할 수 있는 장점이 있지만 그만큼 고객 서비스가 힘든 직업 중 하나이다. 객실 승무원이 되기 위해서는 인성, 체력, 서비스 마인드가 잘 훈련되어 있어야 한다. 관련 학과로는 대학의 항공운항과, 항공서비스학과, 항공비서학과 등이 있다.

❸ 여행 안내원(가이드)

여행 안내원은 여행지에서 관광객들을 안내하는 직업이다. 여행의 시작에서부터 끝날 때까지 관광객들의 안전을 신경 쓰는 여행 안내원은 꼼꼼해야 하고 책임 의식이 매우 중요한 직업이다.

❹ 국제회의 기획자

국제회의 기획자는 전 세계적으로 중요한 이슈를 다루는 회의 전문 기획자이다. 국제회의 기획자는 전 세계 사람들을 상대로 회의를 기획, 진행하기 때문에 세심함과 추진력이 무엇보다도 중요한 직업이다. 관련 학과로는 광고이벤트학과, 관광컨벤션학과, 이벤트학과 등이 있다.

❺ 호텔리어

호텔리어는 호텔의 총지배인 및 호텔 관리 직원을 뜻하는 명칭이다. 호텔리어는 호텔에 투숙하는 고객들의 불편 사항을 수시로 체크하고 고객들이 불편함이 없도록 호텔 각 분야에서 최선을 다하는 직업이다. 관련 학과로는 호텔경영학과, 경영학과, 서비스학과 등이 있다.

조리 요리 소양 직업군

조리 요리 직업군은 한식, 일식, 중식, 이탈리아식 등 세계 여러 나라의 음식을 연구하고 조리하는 직업군이다. 요즘은 문화의 확산으로 음식 문화에 대한 이해와 새로운 음식에 대한 욕구가 많아 음식 문화를 대표하는 직업으로 주목받고 있다.

❶ 한식 조리사

한국의 전통 음식을 연구하고 조리하는 직업이다. 한식 조리사는 지역의 다양한 레시피를 개발 복원하고 지역의 특색에 따른 한식을 통해 다양한 소비자의 입맛을 책임지고 있다. 관련 학과로는 조리학과, 호텔조리학과 등이 있다.

❷ 바리스타

커피를 즐기는 사람들이 많아지면서 바리스타의 직업적 위상도 높아졌다. 바리스타는 원두를 볶고 분쇄하며, 커피를 내리는 기술을 배우고 그 기술을 통해 맛이 다른 커피를 추출해낸다. 보다 전문적인 바리스타가 되기 위해서는 커피에 대한 다양한 지식과 문화를 아는 것이 중요하다. 관련 학과로는 바리스타학과, 제과제빵학과 등이 있다.

❸ 와인 소믈리에

프랑스어로 소믈리에는 '맛을 보는 사람'을 뜻한다. 손님의 취향에 따라 와인을 선별해주는 소믈리에는 우리나라 말로 와인 감별사라고도 하는데, 와인에 대한 국내 소비량이 늘어나면서 전문적으로 와인 소믈리에를 교육하는 곳이 늘어나고 있는 추세다.

공무원 소양 직업군

국가 또는 지방 단체의 사무를 맡아보는 직업으로 사무 범위에 따라 국가 공무원과 지방 공무원으로 나눠지며, 소속과 근무 방법에 따라 일반직과 별정직으로 나누어진다.

❶ 외교관

외교관은 자국을 대표하는 직업으로 외교 공무원이다. 주 업무는 해외에 파견되어 자국의 이익을 보호하고 각종 협약을 체결하는 업무를 담당한다. 외교관이 되기 위해서는 외무 고시에 합격해야 하며 관련 학과로는 정치외교학과, 국제학과, 사회학과 등이 있다.

❷ 판사

판사는 재판을 하고 법률에 따라 판결을 내리는 직업이다. 판사는 법적 판결을 내리는 직업이므로 양심적이어야 하며, 사법 고시에 합격하거나 로 스쿨 졸업을 통해 임명된다. 관련 학과로는 법학과 등이 있다.

❸ 검사

검사는 범죄를 수사하고 재판을 청구하는 직업이다. 검사 역시 사법
고시와 로 스쿨을 통해 임용되며, 법에 따라 정의를 구현하는 직업
이므로 정의감이 중요한 직업이다.

❹ 변호사

변호사는 개인이나 단체의 법적인 문제를 조율하고 해결하는 직업
이다. 사법 연수원을 수료하거나 로 스쿨 졸업 후 변호사 자격 시험
에 합격해야 한다. 관련 학과로는 역시 법학과 등이 있다.

문화 예술 소양 직업군

사회 현상을 관찰하고 공연, 음악, 미술, 문학 등을 통해 자신의 감정이나 관객들이 원하는 문화 예술 콘텐츠를 창작하는 직업군으로 다른 직업군에 비해 창의력과 상상력이 매우 필요한 직업이다.

❶ 영화감독

영화의 전체적인 연출을 담당하는 직업으로 시나리오, 배우 섭외, 영화 연출을 담당한다. 영화감독은 영화 메커니즘에 대한 전반적인 지식이 있어야 하며 대인 관계에도 밝아야 한다. 관련 학과는 영화학과, 연극학과, 문예창작과, 사회학과, 국문과, 심리학과, 철학과 등이 있다.

❷ 미술가

미술가는 현대 미술의 모든 부분을 아우르는 직업군이며, 전통 화가군과 설치 미술 같은 현대 미술 작가군으로 나눠진다. 미술가는 미술 작가라고도 불리며, 그림이나 조각, 설치 미술 같은 작품 활동을 통해 관객들과 소통하는 직업이다. 관련 학과로는 미술학과, 미학과 등이 있다.

❸ 연극인

연극인은 무대를 만들어가는 연출, 스태프 등과 무대 위에서 연기를 하는 배우군으로 나눠진다. 전반적으로 연극 예술에 대한 불황으로 연극인의 삶이 풍족한 편은 아니지만 뮤지컬 같은 공연 예술계의 활발한 움직임으로 관객들과 더 가까이서 소통하기 위해 노력하고 있다. 관련 학과로는 연극학과 등이 있으며, 연극 연기자의 경우 신체 훈련을 통한 감정을 표현하는 능력이 매우 중요하다.

❹ 소설가

소설가는 작가라고도 불리며 문화 예술의 근본 스토리를 생산하는 직업이다. 주로 소설가는 개인으로 작품 활동을 하나 요즘은 영상 예술이나 공연 예술의 발달로 분업이나 협업을 통해 이야기를 창작해낸다. 소설가나 작가는 모든 분야에 대해 박학다식해야 하며 글을 통한 표현력이 중요하다. 관련 학과로는 국문과, 문예창작학과 등이 있다.

사회 복지 소양 직업군

사회를 안정시키고 사회 전반적인 서비스 복지 분야에 꼭 필요한 직업으로서 투철한 희생정신이 요구되는 직업군이다.

❶ 경찰

경찰은 우리 생활 곳곳에서 우리들의 재산과 생명을 보호해주는 직업이다. 각종 범죄가 점점 늘어나고 있는 현 사회에서 경찰관의 임무는 더욱더 중요해지고 있다. 관련 학과로는 경찰학과, 경찰행정학과, 경호학과 등이 있다.

❷ 프로파일러

연쇄 살인처럼 일반적인 수사로 풀기 어려운 강력 범죄에 투입되는 프로파일러는 범죄자의 심리와 행동을 분석해 사건의 실마리를 찾는 직업으로 과학적인 분석력과 논리력이 필요한 직업이다. 관련 학과로는 심리학과 등이 있다.

❸ 소방관

시민들의 안전을 책임지는 소방관은 화재 현장에 투입되므로 투철한 직업 정신과 희생정신이 요구되는 직업이다. 관련 학과로는 소방학과, 소방방재학과, 소방안전학과 등이 있다.

❹ 사회 복지사

어려운 사람들을 돕는 사회 복지사는 경제 사정이 어려운 사람들을 위해 복지 프로그램을 개발하고 적용하는 일을 하는 직업이다. 관련 학과로는 사회복지학과, 가정복지학과, 청소년학과 등이 있다.

의료 보건 직업 소양군

사람들의 병을 치료하고 의료 보건 시스템을 개발하는 직업인 의료 보건 직업은 건강한 웰빙 생활에 꼭 필요한 직업군이다.

❶ 의사

사람들의 생명과 건강을 책임지는 의사는 오랜 숙련 과정을 거쳐 자신의 전공 분야에 전문적인 지식을 갖춰야만 환자들을 치료할 수 있다. 의사가 되려면 의과 대학이나 의학 전문 대학원을 마친 후, 의사 국가 면허 시험에 합격해서 인턴과 레지던트 과정을 거쳐야만 전공 분야에 대한 전문의가 될 수 있다.

❷ 간호사

병원에서 환자들의 치료와 간호를 돕는 간호사는 의사와 함께 환자의 생명을 지키는 직업이다. 직업 특성상 많이 바쁜 직업이기 때문에 자기 직업에 대한 사명감과 책임감이 필요하고, 관련 학과로는 간호학과 등이 있다.

❸ 한의사

한의사는 한의학이라는 전통 의학을 통해 환자들의 병을 치료하는 직업이다. 침이나 부황, 뜸을 사용해 환자들을 치료하며 한의사 국가 면허 시험에 합격한 후 정식 진료 활동을 할 수 있다. 관련 학과로는 한의학과 등이 있다.

❹ 약사

의사가 진단한 진단서를 근거해서 약을 조제하는 약사는 약사 국가 면허 시험에 합격한 후 정식으로 약국을 개업할 수 있다. 개인 약국뿐만 아니라 제약 회사 등에 취직할 수도 있고 학교나 연구소에서 연구원으로 근무할 수도 있다. 관련 학과로는 약학과 등이 있다.

❺ 물리 치료사

정형외과에서 정형외과 의사나 재활의학과 의사의 지시를 받아 근골격계 질환의 환자들을 운동 치료, 전기 치료 등의 방법으로 치료하는 직업이다. 물리 치료사는 전문적인 지식이 빠르게 개발되므로 전문적인 지식을 쌓기 위해 발 빠르게 노력한다. 요즘은 전문 대학에서 일반 4년제 대학교로 물리 치료사의 전공 제도가 확대되고 있는 추세며, 관련 학과로는 물리치료학과, 작업치료학과, 재활의학과 등이 있다.

교육 직업 소양군

❶ 대학교수

대학교수는 대학에서 학생들에게 강의를 하고 전공 과목을 연구하는 학자로서 전공 분야에 대한 전문 지식이 필요한 직업이다. 오랜 기간 동안 대학에서 전공 분야에 대한 지식을 쌓아야 하며, 학부를 졸업하고 석사, 박사를 거쳐 본인 분야의 교수로 대학에 임용된다.

❷ 중학교 교사

사범 대학을 졸업한 후 중등학교 2급 정교사 자격 시험에 합격해야 중학교 교사에 임용될 수 있다. 학교 선생님이라는 직업에 알맞게 전공 학과에 대한 실력뿐 아니라 학생들을 바르게 지도하고 이끌 수 있는 교육자로서의 자질과 인성이 매우 중요하며, 관련 학과로는 사범 대학, 교육학과 등이 있다.

IT 컴퓨터 직업 소양군

❶ 게임 프로그래머

게임 프로그래머는 게임의 소프트웨어를 개발하는 직업이다. 요즘은 게임의 프로그램뿐만 아니라 게임의 스토리, 캐릭터 디자인, 사운드 등 전반적인 게임의 개발 과정에 참여하고 있다. 관련 학과로는 게임공학과, 멀티미디어학과, 컴퓨터학과 등이 있다.

❷ 네트워크 시스템 공학자

최적의 인터넷 네트워크 환경을 만드는 일을 하는 네트워크 시스템 공학자는 통신망과 네트워크 보안에 대한 전문가다. 관련 학과로는 컴퓨터공학과, 컴퓨터시스템공학과, 정보통신학과 등이 있다.

❸ 웹 개발자

웹 개발자는 인터넷 웹 사이트를 개발, 운영, 관리하는 직업으로 기획, 프로그래밍, 디자인 등 전문 영역으로 나눠지는데, 주로 혼자 일하는 것보다는 하나의 웹 사이트를 개발하기까지 팀으로 일하는 경우가 많다. 관련 학과로는 컴퓨터공학과, 컴퓨터웹정보공학과, 미디어공학과, 웹디자인학과 등이 있다.

❹ 정보 보안 전문가

정보 보안 전문가는 웹상에서 정보가 해킹되지 않도록 보안 시스템을 개발하는 직업이다. 정보 보안 전문가는 문제를 해결하는 문제 해결 능력이 필요하며 해커를 능가하는 정보 보안 능력을 갖추고 있어야 한다. 관련 학과로는 정보보안학과, 인터넷보안학과, 컴퓨터학과 등이 있다.

❺ 전자공학자

전자공학자는 우리가 일상생활에서 자주 사용하는 가전제품, 컴퓨터, 반도체 같은 전자 제품을 연구하고 개발하는 직업으로 관련 학과로는 전기공학과 전자통신공학과 등이 있다.

공학 과학 직업 소양군

❶ 환경공학자

산업화로 환경 오염이 심각해진 현 시대에서 환경공학자가 할 일은 매우 다양해지고 있다. 환경공학자의 진출 분야는 업무에 따라 환경 컨설턴트, 대기환경공학자, 기후 변화 전문가 등으로 나눠진다. 관련 학과로는 환경공학과, 화학공학과, 해양환경공학과 등이 있다.

❷ 로봇공학자

우리가 사는 세상은 굉장히 다양해졌다. 로봇공학자는 다양한 지식과 기술로 우리가 사는 세상을 편리하게 만드는 과학자다. 로봇은 사람을 닮은 기계이기 때문에 로봇공학자는 인문학과 기술과학의 융합 지식을 폭 넓게 갖추어야 한다. 관련 학과로는 로봇공학과, 기계공학, 인지심리학, 신소재공학 등이 있다.

❸ 천문학자

천문학자는 우주의 신비를 연구하는 직업이다. 천문학은 물리학에 근간을 두므로 천문학자는 물리학적인 소양도 중요하다. 관련 학과는 물리학과, 천문학과, 천문우주공학과, 우주공학과 등이 있다.

❹ 건축가

건축가는 주택, 빌딩, 학교 등의 건축물을 설계하고 건축에 대한 전반적인 사항들을 책임지는 직업이다. 건축가는 건축물을 설계하고 도면을 그리는 만큼 미학적 지식도 뛰어나야 하기 때문에 건축가는 창의성과 치밀함이 많이 요구되는 직업이다. 관련 학과로는 건축학과, 건축공학과 등이 있다.

❺ 도시 계획가

도시 계획가는 도시를 설계하고 건설하는 일을 하는 직업이다. 도시 계획은 매우 복잡한 일이므로 도시 계획가는 다양한 관점에서 사물을 판단하는 판단력이 중요한 직업이다. 특히 도시 계획가는 인간이 살기 좋은 도시를 만드는 직업이므로 인간에 대한 다양한 이해와 이타심이 필요하다. 관련 학과로는 도시공학과, 도시계획과, 부동산학과 등이 있다.

자신에게 맞는 직업과 학과를 찾았다면 남보다 일찍 자신이 목표한 일들을 구체화시키는 것이 중요하다.

앞에서 살펴본 것 같이 현대 사회가 다양해지면서 거기에 맞는 직업의 종류도 다양해졌다. 1318 우리가 자신의 적성에 맞는 직업과 학과를 정했다면 그다음으로 퍼스널 브랜딩을 위해 할 일은 구체적인 자신의 진로 로드 맵을 그리는 일이다.

부록 2 '진로 로드 맵'을 참고해 자신의 학년별 진로 로드 맵을 짜 보자. 이것이 1318 친구들이 자신의 진로를 향해 나아가는 첫 발자국이 될 것이다.

청소년 커리어의 중요성

청소년의 경력 개발과 스펙 개발의 중요성은 이미 앞에서 얘기한바
있다. 사회가 급속도로 발전하면서 예전에는 대학생 때 혹은 직업을
가진 후에 사회에서 생존하기 위해 발전시켜야 했던 커리어 개발이
이제는 청소년기로 앞당겨진 것이다.

　대학에서는 자신의 꿈과 가능성을 면접관들에게 잘 어필하고 증명
하는 학생들을 선발한다. 기업에서는 고졸 직원들을 선발할 때 학력
보다는 그들이 갖고 있는 관련 경험과 숙련도를 보고 취업자를 선발
한다. 이렇게 무한 경쟁 시대를 살아가고 있는 1318 우리에게 커리어
개발과 퍼스널 브랜딩은 이제 선택이 아닌 필수 사항이 되어버렸다.

PART 02

퍼스널 브랜딩
커뮤니케이션의 법칙

퍼스널 브랜딩에서 커뮤니케이션 전략은 무엇보다도 중요하다. 그동안 자신의 목표를 세우고 글로벌 리더가 되기 위해 노력한 것들도 따지고 보면 자신의 목표와 의지를 남들에게 잘 표현하기 위한 초석을 만들기 위해 노력한 것이다. 결국 타인에게 자신의 생각을 전하고 표현하는 가장 기본적인 수단이 커뮤니케이션 스킬이다. 이번 장에서는 청소년 퍼스널 브랜딩을 위한 커뮤니케이션 전략에 대해 설명하겠다.

말 잘하는 커뮤니케이션 방법

상대방 논리에 수긍한 뒤 자신에게 유리한 논지 쌓기

상대방이 첫 대화에서 말도 안 되는 억지 논리를 써서 자신을 괴롭게 한다 해도 상대방의 논리에 맞춰가며 천천히 상대편과 동질 의식이 형성될 수 있게 노력해야 한다. 커뮤니케이션에 있어서 논지 싸움은 승패를 결정짓는 중요한 부분이다.

처음에는 상대방 말을 수긍해주고 어느 정도 상대방 분위기가 자신에게 유리한 방향으로 전환되기 시작될 때 상대방 논리의 허점을 치고 들어가 자신에게 유리한 방향으로 커뮤니케이션을 진행시키는 것이 중요하다.

단계적으로 상대방 주장 반박하기

상대방 말을 끝까지 들어보지도 않고 반박부터 한다면 자칫 여러분은 상대 커뮤니케이터에게 부정적인 선입관을 주게 되어 상대방으로 하여금 반박당할 확률이 높아질 수 있다.

　그렇기 때문에 상대방과 1:1 커뮤니케이션을 할 때는 처음부터 반박을 하기보다는 조금씩 반박의 수위를 높이면서 대화를 이끌어나가는 것이 조금 더 유리한 위치에서 커뮤니케이션을 이끌어나갈 수 있는 방법이다.

상대와 소통되지 않을 경우 비슷한 주제를 골라 대화 이어가기

상대방과 잘 소통이 되지 않을 때 내 의견보다 내 분야의 저명한 전문가들의 말을 슬쩍 사용하는 것도 중요한 커뮤니케이션 전략이다. 똑같은 논리와 주제도 그것을 말한 사람이 누구냐에 따라 그 결과가 달라질 수 있다.

상대방을 동질화시킬 수 있는 키워드 찾기

야구를 좋아하는 사람이 야구를 좋아하는 사람을 만나 이야기를 한다면 커뮤니케이션은 쉽게 잘 이루어질 것이다. 혹은 딱히 축구를 좋아하지 않아도 지금 사회에 이슈가 되고, 있는 소재를 갖고 이야기를 풀어간다면 커뮤니케이션 초기에 지니기 쉬운 선입견으로 겪는 어려움은 없을 것이다.

　상대방과 커뮤니케이션을 할 때도 상대방과 동질화될 수 있는 소재를 찾고, 이런 소재의 활용이 어려울 경우, 모든 사람이 쉽게 관심을 가질 수 있는 소재를 활용해서 커뮤니케이션을 끌고 나가는 것이 중요하다.

대중을 사로잡는 커뮤니케이션 방법

자신의 이야기를 통해 상대방의 감성적인 부분을 공략하자

퍼스널 브랜드를 갖고 있는 사람과 그렇지 못한 사람과의 차이는 바로 자신의 이야기가 있는 것과 없는 것의 차이다. 누구나 다 자신의 분야에서 성공하기를 원하지만 성공하기 위해서는 반드시 실패도 겪어야 한다. 실패담과 같은 자신의 이야기를 통해 상대방의 감성적인 부분을 공략하는 커뮤니케이션 전략은 상대방 감성을 자극하기 때문에 꽤 효율적인 대화 방법이다.

그러나 이 대화 방법에서 유의할 사항은 충분히 상대방과 공감대가 형성되고 나서 전략을 활용해야 된다는 것이다. 아직 상대방과 충분한 공감대가 형성되지 않은 상황에서 자신의 이야기를 속속들이 상대방에게 하면 오히려 자신의 이미지가 부정적인 방향으로 상대에게 전달될 수 있기 때문이다.

그러므로 우리 1318 친구들은 자신의 스토리를 상대방에게 전달하기 전에 상대방과 충분히 공감대를 형성한 후 자신의 배경 스토리를 통해 감성 커뮤니케이션 분위기를 만들어나가는 것이 중요하다.

전제를 먼저 말해 유리한 입장에서 말하기

전제를 먼저 말해 상대방에게 주도권 가져오는 방법이다. 이 방법은 주도권을 먼저 자기 자신에게 가져와 빠른 시간 안에 대화의 흐름을 자기 자신에게 유리하게 만들 수 있는 방법이다.

이 방법은 전제에 대한 자신의 주장이 매우 확실하고 뚜렷할 경우 자신의 주장을 다른 사람들에게 매우 강력하게 전달할 수 있는 방법이지만, 단점은 대화 초반부터 끝까지 일관되게 자기 자신이 대화 분위기를 선점해가야 한다는 부담도 있는 커뮤니케이션 방법이다.

긍정적인 메시지를 간결하게 표현하기

흔히 표현하고자 하는 말의 요지 없이 말을 길게 늘려서 커뮤니케이션을 시도하는 친구들이 있다. 이렇게 상대방에게 전달하고자 하는 요지 없이 말을 길게 하면 상대방에게 부정적인 이미지와 소통의 단절을 줄 수 있다.

또한 대화에서 중요한 커뮤니케이션 요소가 단어의 사용이다. 긍정적인 단어를 최대한 짧고 간결하게 표현하는 것이 커뮤니케이션의 중요한 요소며 주제 전달에 효과적인 방법이다.

PART 03

1318 자기 계발과
상상력

1318 청소년 시기에는 자기 계발과 상상력이 매우 왕성하게 성장하는 시기다. 일찍부터 자기 자신의 가치를 정립하고 자기 자신의 가치를 브랜딩해 자신의 분야에서 성공한 글로벌 리더들의 성공 과정을 보면 남들과 같지 않은 길을 걸은 사람들이라는 공통점을 찾을 수 있다. 이번 장에서는 남들과 같지 않은 자신의 것을 발견하고 성장시킬 수 있는 1318 상상력과 창의력에 대해 알아보겠다.

낯선 것과 친해지기

상상력과 창의력은 어디서 오는가? 사람은 무엇을 보고 상상을 하고 생각을 하는가? 이 질문에 대해 아인슈타인은 이렇게 대답했다. '뇌에 자극을 줄 수 있는 새로운 것, 뭔가 기존 자신이 생각하지 못했던 사건이나 일들을 경험했을 때 사람은 영감을 얻는다.' 청소년기는 상상력과 창의력이 매우 왕성하게 발전할수 있는 시기다.

상상력과 창의력은 인지에서부터 시작된다. 이미 성인이 된 사람들의 인지 능력은 매우 잘 갖춰져 있다. 성인들은 습관적인 반복 학습을 통해 사회 패러다임과 사물에 대한 인식과 의식이 잘 갖춰져 있다. 그래서 성인들의 사고는 습관적이며 현실적이다. 여기에는 창의력과 상상력이 들어갈 공간이 없다. 반면 아이와 청소년 들의 사고는 아직 미성숙하다. 말랑말랑한 제리처럼 그들의 사고는 매우 유동적이며 탄

력적이다. 미성숙하고 불온하기 때문에 청소년기의 뇌는 사물과 패러다임에 대한 이해가 낯선 방향으로 전이될 수 있고, 따라서 아동기와 청소년기는 아이들의 상상력과 창의력이 풍부해질 수 있는 시기다.

이처럼 처음 접하는 것을 보거나 들을 때 우리는 주저하거나 겁낼 필요가 없다. 상상력과 창의력의 가장 근본적인 베이스가 바로 이 낯선 것과의 만남이기 때문이다. 보수적인 집안에서 보수적인 교육을 받고 보수적으로 살아온 사람들 중 창의적인 직업군의 사람들은 적다. 안정적이고 매일 비슷한 업무의 일만 처리하는 사람들에게는 창의적이거나 상상적인 특징을 전혀 찾을 수 없다. 오히려 이런 직업군의 사람들에게 창의적인 그 무언가는 독이 될 수도 있을 것이다. 그동안 경험에 의해서 잘 만들어진 틀을 깨는 것 자체가 바로 일의 효율성과 작업 능력을 저하시키는 것이기 때문일 것이다.

하지만 사람은 인생을 살면서 매 순간 자기 자신이 스스로 무언가를 찾고 결정해야 할 선택에 부딪치게 된다. 왜냐하면 인간의 삶은 우리가 아무리 머리를 싸매고 많은 정보들을 찾고 익히기 위해 노력한다고 해도 새로운 가치와 의미 들이 계속 생겨나기 때문에 어느 누구도 모든 상황에 대해 확신할 수는 없는 것이다. 그래서 사람은 갈림길에 섰을 때마다 스스로 판단하고 스스로 결정해야 한다. 물론 그 과정에서 전문가들의 조언을 구할 수 있을 것이다. 그러나 전문가들의 판단도 자기 자신에 대한 결정에 100퍼센트 확답을 주진 못한다. 왜냐하면 그 판단도 어떤 사람이 실행하는가에 따라 결과가 다르기 때문이다.

이렇게 우리가 매 순간 선택하고 결정하는 삶에서 우리는 자신의 삶을 보다 윤택하고 긍정적으로 만들기 위해 창의력이 필요하다. 매일 자신의 직장이나 학교에서 똑같은 일을 반복하는 지금도 학교나 직장을 벗어나기만 하면 낯선 것들을 바라보고 선택해야 하는 갈림길에 서게 되기 때문이다.

관점 익히기

관점은 사물을 바라보는 시선이며 방법이다. 어떤 관점으로 사람과, 세상을 바라보느냐가 상상력과 창의력 부분에서 굉장히 중요하다. 우리가 새로운 것, 낯선 것 들을 받아들이고 익힐 때 우리는 흔히 관점에 대한 시각차를 이해하지 못한다. 우리가 매일 용변을 보는 화장실 변기를 뒤샹은 거꾸로 뒤집어 미술 작품으로 재탄생시켰고, 전통적 프랑스 여성 의류 디자인에 반기를 든 코코 샤넬은 희대의 패션 사업가가 되었다.

   이처럼 관점은 기존의 것을 뒤집어 생각해보는 것에서부터 시작된다. 우리는 태어나서 성장할 때까지 너무나 많은 것들을 이유 없이 받아들여왔다. '왜 남자는 바지를 입고, 여자는 치마를 입는지, 또 왜 모두가 다 명문대를 나와 대기업에 들어가기 위해 노력해야 하는지' 등 우리는 너무나 중요한 것들을 당연스럽게 받아들이고 당연스럽게 행동해왔다. 사회가 정한 잣대, 사회가 규정해놓은 틀 안에서 우리는 경쟁하며 하루하루를 살아가고 있다. 어른들은 회사에 꼭 출근하는 것이 당연한 삶이라고 말한다. 고층 건물에 잘 꾸며진 회사에 가서 일해야만 일이 잘되는 듯이 얘기한다.

하지만 우리가 아는 몇몇 사람은 아예 회사에 가지 않고도 엄청난 업적을 낸다. 이런 부류의 사람들은 꼭 회사에 출근해야만 좋은 결과를 내는 것은 아니라는 것을 단적으로 우리에게 보여주는 예다. 화가, 소설가. 영화감독, 지휘자 들은 지극히 뻔하고 일상적인 이야기나 거장들이 작곡한 음악을 자신의 관점과 기준으로 재해석해서 관객에게 보여준다. 그리고 그 관점이 관객과 잘 소통한 예술가들은 흔히 말하는 인기 있는 작가, 화가, 지휘자, 영화감독이 되는 것인데, 똑같은 주제로 작품을 만들어도 그들이 만들어내는 작품은 다 다르다.

이처럼 우리들이 흔히 대수롭게 생각하고 넘기는 것들을 다른 관점에서 바라보고, 그것의 가치를 찾기 위해 노력하는 시선을 갖추도록 노력하는 것이 1318 우리에게는 매우 중요하다.

앞으로의 사회는 절대 기존의 매커니즘대로만 살아갈 수 없는 시대다. 기술의 발전과 자원의 고갈은 우리에게 또 다른 매커니즘을 요구하고 있다. 이것은 살아남을 것인가, 아니면 살아남지 못할 것인가의 문제다. 과거 공룡이 기후 변화에 적응하지 못해 몰살했듯이 이런 변화의 패러다임 자체에 적응하는 문제는 이제 우리에게 생존 문제로 다가오고 있다.

앞으로 우리 1318들이 살아갈 이 시대는 결코 자신만의 가치 판단 없이는 살아갈 수 없는 시대다. 너무나 많아진 사회적 매커니즘과 또 너무나 다양해진 패러다임 속에서 살아가려면 아이러니하게도 자신만의 소신 있는 창의적 관점과 시선이 필요하기 때문이다. 그래서 우리는 자신의 창의력 사고를 키우기 위해 자신을 브랜딩하고 그 과정 속에서 자기 자신이 배우고 익히는 경험들을 통해 소중한 자신만의 시선과 관점을 키워나가야 한다.

관점 익히기의 가장 중요한 방법은 바로 기존 것들에 대한 의문과 질문이라는 것을 기억하라!

가치 찾기, 가치 만들어내기

내면의 목소리에 귀울이기

가치는 어디에서 오는가? 류현진 선수가 메이저 리그에 가서 우리가 상상할 수 없을 정도의 외화를 벌어오고, 박지성 선수가 해외에 나가 유명한 선수로 우리나라를 세계에 알리는 일이 가치라고 생각할 것이다. 그러나 한번 생각해보자.

류현진 선수가 야구를 하지 않았고 박지성 선수가 축구를 하지 않았다면 이런 가치들이 만들어졌을까? 요즘 같이 다양한 패러다임이 공존하는 시대에는 그만큼이나 다양한 가치들이 존재한다. 이런 다양성의 프리즘화Prism of diversity를 이해하고 그 속에서 자신에게 맞는 새로운 가치를 발견하고 성장시키는 것이 중요하다.

가치에 대한 다양성이 없는 사회

그러나 우리는 아직 이 가치의 다양한 프리즘화에 대한 이해력과 실천력이 부족하다. 학교 교육은 아직도 암기 위주의 교육을 진행하고 있고, 사고력을 측정한다는 수학 능력 시험도 모 방송국이 만든 교재 안에서 거의 다 출제되는 상황이다.

아직도 창의력과 상상력, 개인 가치와 진로에 대한 교육보다는 암기 과목과 암기력에 목숨 거는 나라. 이것이 우리의 자화상이다. 이런 교육 환경에서는 애디슨과 아인슈타인은 나올 수 없다. 매일 우리가 당연하다고 생각하는 것들을 질문하는 아이, 자신이 좋아하는 한 과목에 미쳐 다른 과목에서는 매번 낙제하는 아이는 바라보는 우리의 시선은 곱지 않을 것이다.

그리고 아마 이런 아이들은 학교에서 치이고, 또 또래 친구들한테도 왕따를 당해 심리적으로 불안한 상태에서 청소년기를 보내야 할 것이다. 어떻게 모든 사람이 다 똑같을 수 있는가? 어떻게 모두가 다 한 가지 교육 방향과 방법으로 교육되어질 수 있는가? 아직도 검색이 대신해줄 암기력에 목숨 걸고 다양한 가치 창출의 기회를 짓밟는 교육, 이것이 지금 우리의 현실이다.

다양한 가치 찾기와 그 속에서 노력하기

자신에게 맞는 다양한 가치를 찾았다면 이제 그 가치 안에서 자신의 것을 더 자세히 보여줄 수 있도록 노력해야 한다. 같은 의사도 내과, 이비인후과, 외과, 소아과 등으로 나뉘지고 선생님도 국어, 역사, 수학, 과학 선생님으로 나뉘지듯 자신의 가치에 맞는 목표를 정하고 그 안에서 또 자신이 남들보다 잘할 수 있는 세부 목표와 가치를 창출해 내는 것이 중요하다.

자신이 노래를 잘한다고 하면 자신의 목소리를 연마해 성악가나 대중 가수가 되는 것도 중요하지만, 자신의 가치를 만들지 못해 다른 사람과 비슷하거나 남들도 잘할 수 있는 것만 할 수 있다면 이것은 가치 설정과 진로 설정이 잘못된 것이다.

예를 들어 국악 소녀 송소희를 보면 다양한 자신의 가치 속에서 자신만이 잘할 수 있는 국악이라는 가치를 찾았고 국악 안에서도 다른 경쟁자들이 잘할 수 없는 분야를 개척해 확실한 자신만의 브랜드를 대중에게 인식시키고 알리는 것에 성공했다.

이처럼 창의적인 퍼스널 브랜딩을 하기 위해서는 창의적인 진로 설계가 중요하고 진로 설계에 맞는 무단한 노력이 중요하다.

PART 04

해외 리더
브랜딩 사례

이번 장에서는 세계적으로 잘 알려진 글로벌 리
더의 삶을 통해 퍼스널 브랜딩 사례를 이야기하
겠다.

58세의 나이는 나의 열정을 막지 못했다

닥터 브이

58세의 나이에 아라빈드 병원을 세운 닥터 브이는 사실 잘나가는 의사였다. 하지만 류머티즘 관절염으로 손가락을 쓰지 못하게 되자 전공을 안과로 바꿔 백내장 수술을 전문적으로 연습하기 시작했다. 결국 끈질긴 노력 끝에 그는 백내장 수술의 최고 권위자가 되었고 마두라이 의과 대학의 안과 과장으로 정년을 맞이했다. 그도 다른 사람들처럼 풍족한 삶을 살면서 인생의 마지막을 정리할 수 있었다. 하지만 그는 백내장으로 고통받는 사람들을 위한 의료 시스템을 만들고 아라빈드 병원을 개원해 무료 진료를 하기 시작했다.

보다 많은 사람이 백내장으로 시력을 잃지 않기를 바라는 것이 바로 닥터 브이의 삶의 목표다. '나는 보다 많은 사람이 행복한 삶을 살길 원한다'고 회고한 닥터 브이의 삶은 자기 자신보다 남을 위한 삶이었다. 아직도 백내장으로 고통받는 사람들을 위해 혼신의 힘들 다 해 애쓰고 있는 그의 꿈은 지구 상에서 시각 장애를 완전히 몰아내는 것이다.

공정 무역의 가치

사파아 미니

21세기 비즈니스는 융합 비지니스 시대에 접어들고 있다. 이제는 돈을 버는 일에만 가치를 두는 것이 아닌 다른 사람들과 함께 공유할 수 있는 비즈니스 모델을 만드는 사람들이 늘고 있다. 이런 추세를 힘입어 공정 무역의 가능성을 연 환경 운동가이자 광고 전문가인 사피아 미니가 공정 무역의 꿈을 이룬 과정을 소개하겠다.

잡지와 광고 분야에서 일하던 사피아 미니는 광고업계 사람들이 돈이 되는 광고에만 뛰어드는 현실이 싫어 조금 더 가치 있는 일을 해보자고 결심했다. 그녀는 바로 자신의 결심을 행동으로 옮겼는데, 회사를 그만두고 몇 년간 여행을 하며 피플 트리라는 공정 무역 회사를 만들었다.

그녀는 여행 동안 페루 여성들의 부당한 노동 현실을 눈으로 보고

64

무역에 있어서 생산을 담당하는 사람들이 더욱더 가치를 인정받을 수 있는 무역 구조를 생각하게 되었다. 그녀는 회고에서 '남들처럼 조금 더 돈이 되는 일을 할 수도 있었지만 부자가 된다고 해서 행복한 건 아니다. 내가 하고자 하는 일을 하고 그 속에서 자신의 권리를 정당하게 누리지 못하는사람들이 행복한 세상을 살기 바란다'고 말했다. 이것이 그녀가 꿈꾼 공정 무역의 모델이었고 그녀는 상생을 따르는 윤리적 기업 모델을 자신이 만든 회사 피플 트리를 통해 구현하고 있다.

어려운 아프리카 아이들에게 희망을

플로리안 크래머

호기심 많은 크래머는 고등학교를 졸업하고 아프리카 콩고 지역을 여행하며 끔찍한 경험을 하게 되었다. 그곳을 탈출을 하려던 크레머는 너무 지치고 힘들어 탈출을 포기하게 되나 한 아프리카 소년의 도움을 받아 목숨을 구하게 되고 앞으로 아프리카 아이들을 위해 살겠다는 결심하게 된다.

아프리카 아이들에게 닥친 문제는 매일 먹을 것과 깨끗한 물을 구하는 것 외에 교육 문제와 에이즈 문제가 심각했다. 에이즈 때문에 부모를 잃은 아이들을 보며 크레머는 그들을 위해 고아원을 짓겠다고 결심하게 된다. 천신만고 끝에 아이들을 위해 고아원을 설립할 돈을 마련하지만 아프리카의 문화적인 문제로 아이들을 위한 고아원을 짓는다는 것이 어려워지게 되자 크래머는 방황했다. 그러나 케이프타운의 탁아 시설을 운영하는 뮤리엘을 만나게 되고 그곳에 아이들을 위한 고아원을 짓기 위해 노력한다. 생명의 위협까지 무릅쓰고 자신의 목표를 향해 노력한 그는 남아프리카 공화국의 가난과 에이즈, 폭력으로부터 아이들을 지키기 위해 지금도 노력하고 있다.

IT 디자이너

스티브 잡스

　1955년 2월 24일 미국 캘리포니아 주 샌프란시스코에서 태어났다. 태어나자마자 양부모 폴과 클라라에게 입양되었다. 양부모는 기독교 신앙을 가진 미국 서부의 농부였다. 그의 양아버지는 고등학교를 중퇴하고 군인이 되었으며 캘리포니아 주 해안 경비대에 들어가 경비정 기관사로 근무했다. 전역 후 클라라와 결혼했고, 자동차 정비, 할부금 수금원 등의 직업을 가졌는데, 아이가 없자 스티브 잡스를 입양했다.

　잡스는 성인이 되어서 작가로 활동하는 모나 심프슨이라는 여동생과 대화 치료사였던 어머니와 정치학 교수였던 아버지의 존재도 알게 되었다. 하지만 그는 친부모에 대해 냉담하게 반응하며, 언제나 양부모를 친부모로 여겼다.

　성장한 스티브 잡스는 히피 차림으로 인도로 여행을 떠났다. 수개월

간 인도 북부 히말라야 일대를 여행했지만 그가 기대했던 내면의 정신적인 만족감을 얻지 못한 채 미국으로 돌아가 아타리사에 복직했다. 그는 컴퓨터 게임을 만들었으며, 이때 다시 워즈니악과 친분을 쌓았고 전자 분야의 지식이 해박했던 그의 도움을 받았다. 사업적인 수완과 마케팅 감각이 뛰어난 스티브 잡스는 천부적인 전자 엔지니어였던 워즈니악의 도움이 있어야만 그의 아이디어가 실현 가능했고 각각의 장점을 합쳐 두 사람은 1976년 컴퓨터(회로 기판)를 제조하는 회사를 공동 창업을 했다.

회사 이름인 애플Apple에 대해서는 스티브 잡스가 컴퓨터를 만들 때, 사과를 한 입 베어 물고 컴퓨터 위에 올려놓았던 것을 상징화한 것이라는 설, 사과가 좋은 의미(성취, 지적 호기심, 건강)를 담고 있어 지었다는 설, IBM이 '썩은 사과'를 신문 광고에 내고 애플을 비꼬자 다음 날 애플이 '썩은 곳이 도려내진 사과'를 신문에 내어 응수한 사건 때문에 자사 로고까지 바꾸었다는 설 등이 여러 가지 이야기가 있다. 그러나 스티븐 잡스가 죽은 뒤 공동 창업자인 워즈니악은 '스티브 잡스가 오리건 주의 선불교 수행을 하던 장소였던 사과 농장을 연상해 애플이라고 지었다'고 밝힌 바 있다.

회사 창업 후 회로 기판만 있는 퍼스널 컴퓨터 '애플 I'을 만들어 발표했는데 당시 퍼스널 컴퓨터 시장이 주목받게 되자 곧 새로운 컴퓨터 플랫폼인 애플 II를 만들어냈다. 확장 슬롯으로 기능을 향상시킬 수 있었고 획기적인 운영 체계를 적용해 컴퓨터에 대한 지식이 없는 사람들도 불편 없이 사용할 수 있도록 만들었다.

하지만 영세한 업체로서는 사업 여건이 불리했다. 스티브는 이런 환경에 굴하지 않고 자신이 믿는 비전을 열정적으로 설득해나갔다. 마침내 그들이 만든 퍼스널 컴퓨터는 시장에서 큰 반응을 보이며 판매에 성공했고, 그에 힘입어 1980년에는 주식을 공개했다. 그는 억만장자가 되었으며 미국에서 최고 부자 대열에 합류했다.

마침내 1984년에는 IBM에 대항해 매킨토시 컴퓨터를 선보이고 대대적인 성공을 거두었지만 회사 내부에서는 실패한 리사 프로젝트 팀과 파워 게임이 벌어지고 있었다. 게다가 매킨토시 발표 후 얼마 동안의 시간이 지나자 사람들은 맥Mac에서 사용할 수 있는 소프트웨어가 부족하다는 사실을 알았고 판매는 급속하게 줄었다.

스티브 잡스의 독특한 스타일과 분위기에 매료되었던 사람들은 이제 불편함을 호소하기에 이르렀다. 1985년 1월 19일 워즈니악과 함께 백악관에 초빙되어 레이건 대통령이 수여하는 국가 기술 훈장을 받았지만 워즈니악은 회사를 떠나고 말았다. 마침내 스티브는 현실성 없는 망상가자 회사를 도탄에 빠뜨린 인사로 지목되어 1985년 5월 경영 일선에서 쫓겨났다.

몇 년 뒤 스티브 잡스가 애플의 CEO로 복귀했는데, 그 후 2년 동안 애플은 자본이 20억 달러에서 160억 달러로 증가했으며 픽사는 연이은 흥행 성공으로 애니메이션 역사상 가장 성공한 영화사로 기록되고 있다.

한층 여유로워진 스티브 잡스는 새로운 미디어인 인터넷과 접목한 새로운 제품 개발에 눈을 돌렸으며 그 대상은 음악이었다. 그는 항상 제품에서 모양과 색깔 등의 디자인 결정을 매우 중요시했다. 아이튠 즈 개발에 이어 아이팟이라는 MP3 플레이어를 개발해 세계적인 히트 상품 반열에 올려놓았다.

그는 이제 사업가에서 세상을 바꾸는 인물로 인지되고 있다. 많은 청중들 앞에서 청바지에 검은색 셔츠로 연설하는 그의 모습은 바뀌 어가는 세상의 서막을 알리는 행사로 각인되었고 사람들은 그가 만 든 제품에 열광했다.

2007년 맥월드에서 아이폰이 발표되고 전 세계적으로 선풍적인 인 기를 끌었으며 애플은 약 500억 달러의 수익을 올렸다. 특히 아이폰은 통신업계 전반을 뒤흔들어 놓았고 문화적인 파급 효과도 지대했다. 또 한 2010년 발표된 아이패드라는 태블릿 컴퓨터를 발표하면서 스티브 잡스가 주도하는 변화는 가속화되었다.

1318
퍼스널 브랜딩

PART 01

청소년 커리어의
퍼스널 브랜딩
18가지 법칙

부록 3의 '한 대기업의 고졸 취업자 자기 소개서 문항' 과 '대학 입학 자기 소개서 문항'을 살펴보자. 과연 우리 1318 친구들은 나 자신에 대한 문항을 몇 개나 올바르게 답할 수 있을까? 이렇게 현실은 우리에게 퍼스널 브랜딩을 요구한다. 이 3장에서는 올바른 청소년 퍼스널 브랜딩 방법에 대해서 자세히 알아보자.

01
—

인맥 쌓기

인적 네트워크 만들기

1318 청소년 시기에 인맥을 쌓는 것은 앞으로 미래를 설계하는 일의 시작이다. 앞서 한 기업과 대학의 자기 소개서 문항을 봤듯이 요즘 시대는 전체적으로 리더십과 소통의 능력을 청소년들에게 원하는 시대이기 때문에 원만한 인맥 관리와 인적 네트워크 유지는 지금 시대를 살아가는 청소년들에게 있어서 매우 중요한 문제다. 그렇다면 우리 청소년에게 있어서 인맥 관리는 어떻게 해야 하는 것일까? 올바른 인맥 형성 방법을 설명하겠다.

마음을 열고 친구들의 장점을 받아들여라

자기 주변에 좋은 친구를 만들기 위해서는 먼저 마음을 열어야 한다. 흔히 1318들은 한 반 안에서 자기 주변 친구들하고만 어울리는 경향이 있는데 다양한 친구와 어울릴 수 있는 능력을 길러야 한다. 친구를 사귈 때 조건을 보고 사귀면 안 된다. '애는 공부를 잘 해서', '애는 예뻐서' 이런 식으로 친구들을 골라 사귀게 되면 결국 자신도 누군가에게 조건으로 친구가 되므로 진정한 인간관계를 쌓기가 힘들다.

1318기의 친구 관계는 평생을 갈 수 있는 인맥 관계이므로 먼저 마음을 열고 진정으로 사람에게 다가서는 법을 배워야 한다. 처음에는 먼저 마음을 열고 누군가에게 다가간다는 것이 손해일 수도 있다고 생각할 수 있다. 요즘같이 개인주의 시대에 누군가에게 먼저 마음을 연다는 것이 어쩌면 자존심 상할 일일지도 모른다.

하지만 인맥 관리와 친구 관계는 오래 바라보고 인간관계를 만들어가는 것이다. 그리고 그 안에서 상대방에게 신뢰를 주는 방법을 배워나가야 한다. 신뢰가 쌓이기 시작하면 인간관계는 촘촘한 그물처럼 단단하고 완만해진다. 친구를 사귈 때 자신이 미리 정해둔 친구들만 사귀지 말고 조금 더 다양한 친구를 만나고 사귀기 위해 노력해라.

때로는 자신이 친구들에게 뭔가 더 해주는 것 같고, 손해 보는 것 같은 느낌이 들어도 진심으로 사람을 상대하다 보면 그 안에서 자연스레 자신의 마음을 이해해주고 어느새 자신의 가장 친한 벗이 되어 있는 친구들의 모습을 발견하게 될 것이다.

서로 비슷한 목표가 있으면
친해지기 더욱 쉽다

친구들과 공감대를 형성한다는 것은 매우 중요한 일이다. 비슷한 목표와 꿈이 있다면 그 꿈을 이루어나가기 위한 조력자가 될 수 있다. 학교 안에서 친구들과 함께 동아리 활동을 하거나 봉사 활동을 하면서 더욱더 공감대가 형성되는 경험들을 할 수 있을 것이다. 비슷한 나이에 비슷한 목표를 공유하는 것은 미래의 든든한 지원군을 하나 더 만들어놓는 것과 같다.

물론 꿈이 같다면 서로 경쟁도 할 것이다. 하지만 김연아 선수와 아사다 마오 선수가 경쟁 속에서 자신의 꿈을 더욱더 확고히 할 수 있었듯이 경쟁 관계가 꼭 나쁜 것은 아니다. 자신의 꿈과 목표를 이루기 위해서 함께 가는 러닝메이트로서 경쟁 관계에 있는 친구도 필요한 존재다.

그렇다면 비슷한 공감대가 형성된 친구를 꼭 적으로만 생각할 필요는 없다. 친구 관계를 만들어나가는 것은 자신의 의지며 기술이기 때문이다. 친구가 어려울 때, 혹은 친구와 함께 비슷한 프로젝트를 수행해나갈 때, 장벽에 부딪치거나 어려움에 처하게 되었을 때, 최선을 다해 친구와 함께 이 난관에서 빠져나가기 위해 노력해야 한다.

어려운 고비를 함께 넘긴 전우는 매우 소중한 관계가 된다. 협동으로 동아리 활동을 하거나 협업을 할 때 어려운 일이 생기면 '나 몰라라' 하는 사람은 좋은 인맥을 만들기 힘들다. 어려움을 함께 넘긴 우정은 그 무엇과도 바꿀 수 없이 소중한 것임을 명심하길 바란다.

친구 관계에도 주도권을
잡아야 한다

친구 관계도 주도권이 있다. 관계가 발전되면 은근히 주도권을 잡기 위해 신경전을 벌이는데, 친구 관계에서 주도권을 잡기 위해서는 자신만의 장점이 있어야 하며 그 장점을 서로 공유할 수 있는 능력이 있어야 한다.

예를 들어 공부는 잘 못하지만 체육을 잘하는 친구가 있다면 그 친구는 체육 대회 때 친구들의 관심을 한 몸에 받을 것이다. 하지만 좋은 인맥을 만드는 것은 단순히 관심만 받았다고 해서 되는 것이 아니다. 관심을 받았다는 것은 친구들에게 좋은 인상을 주었다는 것이고 그 좋은 인상을 통해 친구들과 인맥을 쌓기 위해서는 자신의 재능과 장점을 친구들과 함께 나눌 수 있어야 한다.

자신의 재능과 장점을 꾸준히 쌓아가고 그것들을 친구들과 함께 나눌 수 있는 것! 이것이 친구 관계에서 주도권을 잡는 방법이다.

자신의 인맥을
소개하라

노력으로 쌓아올린 여러분의 인맥! 이제 제대로 활용할 때다. 인맥 형성의 최대 장점은 얼마든지 문어발식으로 인맥을 늘릴 수 있다는 것이다.

자신의 인맥을 활용해 다른 인맥을 쌓는 것도 성공하는 삶을 위해서는 1318 친구들에게 중요한 일이다. 자신이 해결하지 못하는 일도 다른 친구들은 해결할 수 있는 일들이 있다. 꼭 자신이 나서서 친구들에게 도움을 주지 못해도 친구들에게 도움이 될 수 있는 사람을 소개시켜줄 수 있다.

이렇게 자신의 인맥으로 다른 친구들에게 도움을 주거나 도움을 받을 수 있으니 이런 관계 속에서 형성된 인맥을 그냥 지나치지 말고 소중하게 생각하는 것이 또 다른 인맥 형성의 방법이다.

02
—
감정 다스리기

자신의 표현과 행동의 원천이 되는 감정은 매우 중요하다. 특히 1318 청소년기는 감정에 변화가 많은 시기이므로 감정을 올바르게 다스리는 방법을 이 시기에 배우는 것만 해도 올바른 퍼스널 브랜딩의 절반을 준비했다고 해도 과언이 아닐 것이다.

  사람은 감정으로 움직이는 존재다. 여러분도 냉철한 이성이 감정에 휘둘렸던 경험들이 있을 것이다. 자신의 브랜드 아이덴티티를 세우고 퍼스널 브랜딩을 통해 자신의 존재를 세상에 알리기를 원하는 1318 청소년들이 가장 힘써야 할 부분은 바로 자신의 감정을 다스리는 방법을 배우는 것이다.

가장 경계해야 하는
미움과 탐욕

우리 1318 청소년들이 퍼스널 브랜딩을 만들기 위해 가장 경계해야 할 감정이 미움과 탐욕이다. 미움은 원망을 낳고 탐욕은 욕심을 부른다. 사회 속에서 살아 움직이며 자신의 모든 것을 대표하는 이미지인 퍼스널 브랜딩은 이타적이며 논리적이어야 한다. 타인을 위하며 타인의 목소리를 경청하되 그 과정이 논리적이어야 한다. 만일 전문 분야의 전문가가 자신의 감정을 스스로 이기지 못하고 자신의 감정에 휩싸여 프로젝트를 진행한다면 일의 결과는 불 보듯 뻔할 것이기 때문이다. 미움과 탐욕은 타인을 먼저 생각하고 배려하는 마음에서 벗어나게 만들 수 있다.

물론 사람이 나 자신보다 타인을 먼저 배려하고 생각한다는 것은 매우 어려운 일일 것이다. 하지만 이 책을 읽는 1318 친구들은 왜 나 자신보다 타인을 먼저 생각하고 다른 사람의 감정을 먼저 헤아려야 하는지 심사숙고할 수 있을 것이다.

적어도 이 책을 읽는 여러분은 인생을 작은 시야로 바라봐서는 안된다. 퍼스널 브랜딩을 만든다는 것은 연예인이나 유명한 사람들처럼 본인 자신이 공인이 된다는 것을 의미한다.

실제로 퍼스널 브랜딩을 만든다는 것은 사회 속에 자신의 존재를 정확하고 명백하게 밝히는 것이다. 그리고 이렇게 낱낱이 밝혀진 본인의 존재가 자신의 성공과 직접적인 관련이 있기에 우리는 작은 생각이 아닌 큰 생각 속에서 살아가야 한다.

다시 말해 미움과 탐욕을 벗어 날 수 있는 방법은 자신을 낮은 자세로 돌아보고 타인을 먼저 생각하며 자기 자신을 희생하는 태도를 갖는 것이다. 어렵고 힘들 때나 자신의 감정을 추스르기 힘들 때 생각해보자. 나의 최종 목표와 꿈이 무엇인지를 말이다.

나태함을 창의성으로
바꾸는 방법

성공에 있어서 가장 큰 적은 무관심과 나태함이다. 무엇이든 자신이 관심을 갖고 한 가지 일에 매진하는 사람은 성공할 기회가 많다. 하지만 무엇 하나라도 집중을 하지 못하고 관심과 흥미가 없는 사람은 빠르게 변화하는 이 사회에서 성공하기가 어렵다.

실제로 꿈이 없는 사람들 중 나태한 사람들이 많다. 그들은 목적의식도, 이렇다 할 희망과 비전도 없기 때문에 시간의 소중함을 모른다. 나태함을 이기는 방법은 자신만의 꿈과 목표를 찾고 그것을 이루기 위해 노력하는 것이다. 물론 이때의 노력은 즐거운 노력이어야 한다. 그래서 어떤 일을 미친 듯이 하는 사람들은 이기기가 어려운 것이다. 일을 일로 받아들이는 사람들은 그 일을 하는 행위 속에서 일 이상의 어떤 것을 찾기 어려운 사람들이다. 하지만 일을 취미나 게임으로 생각하는 사람들은 자신의 일에 있어서 성취감이 높고 이런 성취가 쌓여 자신의 분야에서 성공하는 사람이 되는 것이다.

본인이 하기 싫은 일, 자기가 못하는 일에서 재미를 찾으려고 하지 말고 자신이 정말 좋은 일, 일을 하면서 즐거운 것에서 본인의 장점을 개발하려고 노력해야 한다. 바로 이 부분에서 다른 사람들이 상상조차 할 수 없는 창의력이 만들어지고 창의적으로 일을 하는 사람은 누구도 따라올 수 없는 그 분야에 전문가가 된다.

대담함은 때론 실패를 불러오지만
대담함에서 성공의 싹이 자란다

우리의 감정 속에 대담함은 자신만의 전문 분야를 만들기 위해 노력하는 사람에게 꼭 필요한 감정이다. 대담함은 필연적으로 그 속에 실패라는 그림자와 함께하고 있지만 실패가 두려워 아무것도 시작하지 않는 것이 더 문제일 때가 많다. 남들이 이미 개척해놓은 길을 따라가는 것은 안전할 수 있지만 큰 성공을 거두기는 어렵다. 그래서 항상 개척되지 않은 길을 가기 위해서는 대담함과 담대함이 필요하다. 대담함은 나쁜 감정이 아니다. 물론 논리적이지 않은 대담함은 상당히 골칫거리일 것이지만 여기서 말하는 대담함은 본인에 대한 믿음과 신뢰에서 나오는 대담함이다.

1318 친구들은 퍼스널 브랜딩을 만들어 무엇을 하고자 하는가? 연예인들처럼 세간의 관심을 받으려고 하나? 아니면 유명 인사로 다른

사람들에게 추앙을 받으면서 살아가고 싶은가? 왜 우리는 지금 시대를 살아가면서 본질적으로 자신의 브랜드를 만들고 개발해야 하는지 깊이 있게 생각해봐야 한다. 물건이 기능면에서 평준화되었듯 사람도 어느 정도 자신에 일에 대해 숙련도를 거치면 일의 능력에 있어서 평준화가 된다(전문가가 된다는 듯이다). 전문가들은 거의 비슷한 역량을 갖고 비슷한 일들을 매끄럽게 해나간다.

이제 기업들은 자신이 생산하는 물건에 의미를 부여해 비슷한 성능의 물품들이지만 꼭 이 물건만이 갖고 있는 브랜드 아이덴티티를 사람들에게 전달해 자기 회사의 물건을 고객들이 사게 만들고 있다. 똑같은 휴대폰이지만(전화는 아주 잘 터진다) 휴대폰이 갖고 있는 기능 외에 감성이라는 브랜드 아이덴티티를 부여해 꼭 자기 회사의 휴대폰을 고객들이 사게끔 이끄는 것이다.

이는 비단 물건 뿐만이 아니라 사람도 마찬가지이다. 전문가를 더욱 전문가로 만드는 것은 이제 종이 한 장 차이의 실력차가 아니라 그 사람만이 할 수 있는 브랜드 아이덴티티를 만들고 브랜딩하는 것이다. 그래서 남들이 가지 않는 길을, 아직 개척되지 않은 길을 가는 것이 중요하다. 물론 대책 없이 무턱 대고 가라는 것이 아니다. 충분히 자신의 이성과 경험으로 판단하고 성공과 실패의 확률이 반반일 때 담대하게 그 길을 걸어보라는 것이다. 어차피 우리 인생에서 성공과 실패는 시작하지 않으면 알 수 없기 때문이다.

트라우마,
상처

물론 트라우마는 감정이라는 카테고리에 넣기는 적절하지 않을 수 있다. 그러나 인간은 누구나 살면서 상처와 후회를 경험하고 심한 경우는 그 안에서 헤어나오기까지 많은 시간이 걸리기도 한다. 강박증, 신경증, 심한 경우는 정신 착란까지 겪으며 사람은 치욕스러운 자신의 상처와 트라우마를 떨쳐버리기 위해 안간힘을 쓰기도 한다.

하지만 이 세상 어느 누구도 인생에 있어서 한 번쯤 누군가에 의해서 상처를 입어보지 않은 사람은 없다. 반대로 우리는 본의 아니게 다른 사람들에게 상처를 주기도 한다. 문제는 이 트라우마와 상처를 바라보는 가해자와 피해자의 관점이 다르다는 것이다. 나에게는 너무나 치욕스럽고 힘든 일을 상처를 준 사람은 그냥 대수롭지 않게 넘기기도 한다.

자신만의 퍼스널 브랜딩을 만들어가길 원하는 1318 친구들이 꼭 알아야 할 부분은 바로 상처와 트라우마가 곧 성공의 에너지가 된다는 것이다. 상처를 오기와 눈물로 이기는 사람들은 이 사건을 계기로 자기 자신을 냉정하게 되돌아보고 이 상처에서 성공의 방법을 찾아낸다. 성공하는 사람과 실패하는 사람의 차이는 어려운 일을 당했을 때나, 자신에게 어려운 시련이 다가올 때 그 어려움을 맞는 태도에 있다. 단순히 어려움을 모면하려는 사람들은 성공하기가 어렵다.

어려움을 정면으로 맞받아 내고 비록 자신의 능력이 모자라 실패하더라도 이 경험을 한 단계 도약의 발판으로 삼은 사람들에게 상처와 트라우마는 성공의 에너지가 될 수 있다.

어려움과 시련은 감추고 싶은 것이 인지상정이다. 하지만 어려움을 당할 때 왜 이런 어려움이 생겨났는지 고민하고, 이 어려움을 슬기롭게 극복해나가는 과정에서 잘못된 점과 부족한 부분들을 분석하고 해석할 수 있다면, 이런 경험들이 모여 미래의 건실한 행복을 만드는 것이기에 트라우마와 상처 때문에 너무 고민하지만 말고 이것 또한 본인 성공의 발판으로 만들기 위해 노력하는 자세가 필요하다.

끌림

무언가에게 끌린다는 것은 그것이 사람이든지 사물이든지 자신을 매혹하는, 혹은 자신이 매혹당하는 원인이 있다. 내 주변의 친구들은 연예인이나 아이돌에게 끌리기도 하는데, 매우 열정적인 친구들은 밤을 새가며 콘서트 티켓을 구하기 위해 노력하기도 한다. 또 다른 친구들은 먹는 것에 끌리기도 한다.

이밖에도 사람을 매혹하는 것들은 너무나 많다. 어른들은 명품에 매혹당하기도 하고 아버지들은 스포츠나 자동차에 매혹당하기도 한다. 그런데 중요한 것은 이 끌림이라는 것이 분명 자신을 매혹하는 원인이 있다는 것이다.

문제는 바로 이 끌림이 좋은 끌림인지 나쁜 끌림인지 판단해야 한다는 것이다. 좋은 끌림은 건설적인 끌림이다. 본인의 목표와 미래를 위해 책을 쓰고 영화를 만드는 끌림은 좋은 끌림이다. 하지만 단순히 자신의 스트레스를 풀거나 즐거움을 위한 끌림은 버려야 할 나쁜 끌림이다. 그럼 1318 우리는 어떻게 자신을 매혹하고 있는 이 끌림이 좋은 끌림인지 나쁜 끌림인지 판단할 수 있을까?

좋은 끌림은 그것을 하면 할수록 뒤끝이 개운한 끌림이다. 반면 나쁜 끌림은 그 일을 하고 나면 씁쓸함만 남는 끌림이다. 나도 그렇지만 1318 청소년기에는 호기심이 많고 감정의 변화가 많은 시기이므로 좋은 끌림과 나쁜 끌림을 판단하는 것이 쉽지 않다.

하지만 바쁘게 자신의 목표를 찾고 그것을 이루기 위해 노력해야 하는 시기에 안 좋은 것에 매혹당해 있다면 대단히 소중한 시간을 잃는 것이기 때문에 수많은 세상의 매혹과 끌림을 판단할 수 있는 판단력을 기르는 것이 특히 우리에게 중요하다.

사랑

사랑은 글로벌 리더가 가져야 할 덕목 중 매우 중요한 요소다. 그런데 문제는 남을 사랑할 줄 아는 사람이 되기 위해서는 자신이 다른 사람으로부터 사랑을 많이 받아야 한다는 것이다. 사랑을 받지 못한 사람은 남을 사랑할 줄 모른다. 아예 그 사람에게 사랑이 없어서가 아니라 타인을 사랑할 줄 아는 방법을 모르기 때문이다.

사랑에도 방법이 있다. 그리고 이런 사랑의 방법이 어긋나면 집착이 되고 다른 사람을 괴롭히는 감정의 배설물이 되는 것이다. 그래서 우리 1318들은 먼저 자기 자신을 존중하고 사랑하는 방법을 배워야 한다. 퍼스널 브랜딩의 제일 첫 번째 항목은 자기 자신을 사랑하기다. 자꾸 자기 자신을 남에게 비교하고 자학하지 말자.

이 세상 그 어디에도 나와 같은 사람은 없다. 내가 남보다 조금 공부를 잘하지 못한다고 해서, 내가 다른 아이들보다 조금 키가 작고 못생겼다고 해서 자기 자신을 괴롭히고 비난해서는 안 된다. 대신 그 시간에 내가 남들보다 잘할 수 있는 무언가를 찾아라.

남들보다 요리를 잘하든, 남들보다 운동을 잘하든, 다른 친구들보다 노래를 잘하든, 자기 자신을 질책하고 책망할 시간에 나의 장점을 발견하고 그런 장점이 있는 나를 사랑하라. 나 자신을 사랑하는 사람은 다른 사람들에게 존경과 사랑을 받을 수 있고 이렇게 다른 사람들로부터 받은 사랑을 다시 사랑이 부족한 다른 사람들에게 나눠줄 수 있다.

어쩌면 이 사랑이라는 감정이 지금의 경쟁적 자본주의를 이길 수 있는 유일한 방법이 아닌가 생각된다. 내 꿈은 문화 CEO가 되어 세계 여러 나라에 우리의 문화를 알리고 그 수익을 통해 어려운 이웃들을 돕는 것이다. 하지만 이런 자본주의가 만들어놓은 경쟁주의 속에서 과연 내 꿈을 이룰 수 있을까 고민된다. 결국 자본이 시장을 결정하는 자본주의는 아무리 그 목적과 뜻이 좋아도 자본 앞에 무릎 꿇을 수밖에 없기 때문이다. 과연 내가 대기업의 자본력을 이기고 우리의 문화를 세계 속에 잘 알릴 수 있을지 걱정이다.

그런데 문득 내 자신의 퍼스널 브랜드를 키우기 위해 노력하면서 나는 사랑이야말로 자본을 이길 수 있는 힘이 아닐까 생각된다. 소비자를 먼저 배려하는 마음, 나 자신의 이익보다 직원들과 함께 고생하는 사람들의 이익을 먼저 생각하는 마음, 그리고 나 자신을 사랑하며 내 꿈을 향해 꿋꿋이 나가는 사랑의 마음만 있다면 내 꿈이 현실이 되는 것이 그저 상상에 그치는 일이 아닐 거라는 확신이 들기 때문이다. 자신과 이웃을 많이 사랑하라! 그것이 결국 본인이 성공하는 지름길이다.

03
직접 체험하기

체험은 만인의 선생님이다

펄 S. 벅

1318 친구들이 퍼스널 브랜드를 정립하는 데 체험만큼 중요한 것은 없다. 체험은 살아있는 스승이요 나눌 수 있는 경험이기 때문이다. 체험을 통해 지식을 경험화시키고 경험화된 지식을 통해 다른 사람들과 다른 나만의 경쟁력 있는 퍼스널 브랜딩을 만들어갈 수 있다. 지금부터 다루는 내용을 참고해 부록 5 '체험 로드 맵 짜기'를 작성해보자.

문화 체험

글로벌 시대의 주인공이 될 우리 1318들은 다양한 문화 체험을 통해 국제적 문화 역량을 키워나가는 것이 중요하다. 문화는 그 나라의 역사, 사회, 경제, 종교, 언어 등을 반영하기 때문에 글로벌 시대에 살아남을 경쟁력을 갖추기 위해서는 문화 체험을 통해 다양한 나라의 문화 역량을 키워나가는 것이 바람직하다.

❶ 문화원 탐방하기

문화원을 통해 다른 나라 문화를 배우고 익히는 것도 좋은 방법이다. 각 나라의 문화원은 자국의 문화를 비교적 알기 쉽게 설명하고 있기 때문에 다른 나라의 문화원을 방문해 타국의 문화를 배우고 익히는 것도 좋은 방법이다.

서울 지역 외국 문화원	위치	전화번호
뉴질랜드교육문화원	서울시 강남구	02 - 3454 - 0059
러시아문화원	서울시 강남구	02 - 6262 - 8222
몽골울란바타르문화진흥원	서울시 광진구	02 - 446 - 4168
주한사우디아라비아문화원	서울시 용산구	02 - 744 - 6741
주한독일문화원	서울시 중구	02 - 2021 - 2800
주한프랑스문화원	서울시 중구	02 - 317 - 8500
주한아제르바이잔문화원	서울시 서초구	02 - 598 - 9010
주한영국문화원	서울시 종로구	02 - 3702 - 0600

서울 지역 외국 문화원	위치	전화번호
이스라엘문화원	서울시 서초구	02 – 525 – 7446
이스탄불문화원	서울시 강남구	02 – 3452 – 8182
주한이탈리아문화원	서울시 용산구	02 – 796 – 0634
주한일본대사관공보문화원	서울시 종로구	02 – 765 – 3011
주한중국문화원	서울시 종로구	02 – 733 – 8307

지방 외국 문화원	위치	전화번호
인천알리앙스프랑세즈	인천시 남구	032 – 873 – 5556
주한우크라이나문화예술원	경기도 성남시	02 – 3441 – 7586
중남미문화원	경기도 고양시	031 – 961 – 7171
광주프랑스문화원	광주시 북구	061 – 527 – 2500
전주주한프랑스문화원	전라북도 전주시	063 – 255 – 8114
대구알리앙스프랑세즈	대구시 북구	053 – 950 – 7917
스페인문화원	대구시 수성구	053 – 602 – 7311
부산독일문화원	부산시 중구	051 – 441 – 4115
부산프랑스문화원	부산시 동구	051 – 465 – 0306

❷ 다른 나라 친구 사귀기

다른 나라 친구를 사귀는 것도 타국의 문화를 배울 수 있는 좋은 방법이다. 다른 나라 친구를 사귀는 방법은 SNS나 블로그를 통해 사귈 수 있으며 교환 학생이나 다문화 센터 등을 통해 쉽게 다른 나라 친구들을 사귈 수 있다.

❸ 우리나라 문화 배우기

문화적 역량을 키우기 위해 다른 나라 문화를 보고 배우는 것도 중요하지만 우리나라 문화에 대해 자세히 알고 익히는 것도 중요하다. 실제로 전 세계적으로 한류가 열풍이다. 이는 우리나라의 문화 시장성을 단적으로 보여주는 좋은 예다. 이렇게 세계적으로 성장 가능성이 있고 상품성이 있는 우리나라의 문화를 자세히 익히고 문화적 원천을 기반으로 좋은 문화 콘텐츠를 생산해낼 수 있다면 우리나라도 국제 사회에서 경쟁력 있는 문화 강국이 될 수 있을 것이다.

• 남산골 한옥마을 체험

한옥마을 소개

남산 북쪽 기슭 한옥마을이 들어선 필동지역은 조선 시대에는 흐르는 계곡과 천우각이 있어서 여름철 피서를 겸한 놀이터로 이름 있던 곳이다. 또한 청학이 노닐었다고 하여 청학동으로도 불렸다. 청학동은 신선이 사는 곳으로 불리울 만큼 경관이 아름다워 한양에서 가장 경치 좋은 삼청동, 인왕동, 쌍계동, 백운동과 더불어 한양 5동으로 손꼽히던 곳이다.

남산골 제 모습 찾기의 일환으로 이곳의 옛 정취를 되살려 시민들에게 제공하기 위해 골짜기를 만들고 물을 흐르게 했으며, 정자를 짓고, 나무를 심어 전통 정원을 조성했다. 7,934제곱미터 대지 위에 서울의 사대부의 집으로부터 일반 평민의 집에 이르기까지 전통 한옥 다섯 채를 옮겨놓았다. 이들 한옥에는 집의 규모와 살았던 사람의 신분에 걸맞는 가구들을 예스럽게 배치해 선조들의 생활 모습을 직접 보고 알 수 있게 했다. 그리고, 전통 공예관에는 무형 문화재로 지정된 기능 보유자들의 작품과 관광 기념 상품을 전시하고 있다.

• 안동 하회마을

하회마을 문화 프로그램

병산 서원은 고려 말부터 이어져온 풍산 류씨 가문의 서당인 '풍악

서당'이 그 전신이다. 선조 5년(1572년) 서애 류성룡 선생이 31세 때에 후학 양성을 위해 풍산에서 병산으로 자리를 옮겼다. 서당은 1592년 임진왜란 당시 왜병에 의해 불태워졌다. 1607년 서애 선생이 타계하자 광해군 6년(1614년)에 선생의 제자인 우복 정경세 공이 선생의 학덕을 추모하기 위하여 유림과 뜻을 모아 사당인 존덕사를 창건해 선생을 봉안하면서 병산 서원으로 개칭해 위상이 바뀌게 되었다.

광해군 12년(1620년)에 유림의 공론에 따라 서애 선생의 위패를 퇴계 선생을 모시는 여강 서원으로 옮기게 되었다. 그 뒤 인조 9년 (1629년)에 별도의 위패를 마련해 존덕사에 모셨으며, 셋째 아들 수암 류진을 추가 배향했다. 1863년(철종14)에 사액되어 서원으로 승격했다. 선현 배향과 지방 교육의 일익을 담당해 많은 학자를 배출했으며, 1868년(고종 5) 대원군의 서원 철폐령이 내렸을 때도 훼철되지 않고 보호되었다. 일제 강점기에 대대적인 보수가 행해졌으며 강당은 1921년에, 사당은 1937년 각각 다시 지어졌다. 매년 3월 중정과 9월 중정에 향사례를 지내고 있다.

만송정 숲(천연기념물 제473호)

2006년 11월 27일 천연기념물 제473호로 지정되었다. 안동 하회마을(중요 민속 마을 122호) 북서쪽 강변을 따라 펼쳐진 넓은 모래 퇴적층에 있는 소나무 숲이다. 조선 선조 때 서애 류성룡의 형인 겸암 류운용이 강 건너편 바위 절벽인 부용대의 거친 기운을 완화하고 북서쪽의 허한 기운을 메우기 위해 소나무 1만 그루를 심었다고 해서 만송정이라 부른다.

1983년에 세운 만송정비에는 이 솔숲의 내력과 함께, 현재의 숲은 76년 전(1906년)에 다시 심은 것이라고 기록되어 있다. 숲에는 수령 90~150년 된 소나무 100여 그루와 마을 사람들이 정기적으로 심는 작은 소나무들이 함께 자란다. 이 숲은 여름에는 홍수 때 수해를 막아주고 겨울에는 세찬 북서풍을 막아주며, 마을 사람들의 휴식 공간 혹은 문화 공간으로 활용되고 있으며 보호 면적은 47만 6,430제곱미터에 달한다.

매년 음력 7월 16일 밤에는 이 숲에서 강 건너편 부용대 꼭대기까지 밧줄로 이어 불꽃을 피우는 선유 줄불놀이가 펼쳐진다. 부용대에서부터 밧줄을 타고 내려오는 참나무 숯의 불꽃이 하늘에서 터지는

데, 그 빛이 강물에 비치는 모습은 장관이다. 조선 시대에는 선비들의 뱃놀이와 함께 펼쳐졌다고 하니 그 풍류를 짐작할 수 있겠다. 450여 년의 역사를 가진 이 줄불놀이는 일제 강점기부터 수십 년간 중단되다가 최근 다시 이어지는 전통 놀이다. 중요 민속 마을로 지정된 하회마을과, 그 마을을 휘돌아 흐르는 낙동강, 그리고 맞은편의 부용대와 어우러져 경관이 뛰어난 마을 숲으로 매우 큰 역사적·문화적 가치를 가지고 있다.

• 강릉 단오제

강릉에서 단오는 큰 명절이다. 단오를 중심으로 펼쳐지는 '강릉 단오제'는 신과 인간의 소통은 물론 자연과 인간, 인간과 인간의 상생을 위한 휴먼 드라마다. 역사적·문화적 침탈을 일삼았던 일제 강점기에도 단오제는 열렸고, 한국 전쟁 중에도 단오제는 맥을 이어왔다. 노인과 무녀 들은 시기적으로 어려울 때는 압박의 눈을 피해 중

앙시장이나 남대천변, 성남동 한구석에서 소규모로나마 빼놓지 않고 단오제를 치렀다고 증언한다.

이처럼 강릉 단오제는 비교적 온전히 전승되고 있으며 고증을 통해 원형 복원이 가능할 만큼 면면히 이어져 왔다. 강릉 단오제는 1967년 중요 무형 문화재 13호로 등록되면서 우리 민족 전통 민속 축제의 원형성을 간직한 단오 축제로서 고유의 가치를 획득했다. 그리고 2005년 11월에는 유네스코가 지정하는 인류 구전 및 무형 유산 걸작으로 등재되어 전 세계의 인류가 보존해야 할 문화유산이 되었으며, 한 해에 150만 명의 관광객이 찾을 정도의 큰 축제로 발전했다.

• 경주 전통 음식 체험

수리뫼는 무형 문화재 제38호 조선 왕조 궁중 음식 기능 보유자인

황혜성 선생님으로부터 궁중 음식을 전수받은 조리기능장인 박미숙 관장이 궁중 음식의 실제와 재현 보급을 목적으로 설립된 전통 음식 체험관으로서 국내 최초로 회원제 방식의 전통 음식 체험장으로 운영되고 있다.

이곳에서는 수많은 궁중 음식을 시식하고 만들어보는 전통 음식 체험을 할 수 있는데, 유네스코에 지정될 정도로 문화 유적들이 산재해 있는 경주 남산 자락 약 1,653제곱미터의 대지 100여 년간 보존된 경주 최 부잣집 전통 한옥 구조물을 보면 역사와 전통이 살아 숨쉬는 '수리뫼'만의 특색을 느낄 수 있다.

• 정선 5일장

전국 최대 규모의 민속장(재래시장)으로, 1966년 2월 17일 처음으로 열렸다. 장은 매달 2 · 7 · 12 · 17 · 22 · 27일에 열린다. 처음에는 인근 산골에서 채집되는 각종 산나물과 생필품을 사고파는 작은 규모의 장이었는데, 인근 지역이 강원 내륙의 오지에 자리해 천혜의 자연환경을 잘 보존하고 있어서 최근 들어 주위 관광지와 연계한 체험 여행 코스로 널리 알려졌다.

장이 서는 날에는 평소보다 긴 약 800미터 길이의 시장이 형성되는데, 면적은 7,600제곱미터에 이른다. 거리 양편으로는 호미, 쇠고랑 등 농기구를 비롯한 각종 물품을 진열한 230개 상점들이 있고, 길 가운데에는 160여 개의 노점 좌판들이 늘어선다. 시장에는 정선 토산품 외에 전국 각지의 토속품이 많이 나오는데, 특히 봄에는 냉이, 달래, 참나물, 곰취 등 각종 산나물이 흔하고, 여름에는 찰옥수수와 감자 등이, 가을에는 정선에서 생산된 각종 농산물과 머루, 다래, 아가위, 산초 등 산열매들이 많이 나온다. 겨울에는 근처 조양강에서 잡은 민물고기로 끓인 매운탕과 수수노치, 메밀 전병, 옥수수 술 등이 인상적이다.

• 남이섬세계책나라축제

2005년 안데르센 탄생 200주년을 기념해 시작한 '남이섬세계책나라축제'는 국제아동도서협의회한국위원회KBBY가 주최하고 남이섬이 후원하는 복합 문화 도서 행사다. 남이섬세계책나라축제는 볼로냐를 비롯한 각국의 어린이 책 행사장에 단골로 소개될 만큼 국내보다 오히려 외국에서 더 주목을 받는 책 문화 축제로 자리를 잡고 있으며, 남이섬의 성공에 전국의 많은 지자체가 어린이 책을 통한 다양한 축제를 계획하고 있다.

진로 체험

다양한 진로 체험 프로그램을 활용해 본인의 진로 역량을 개발하자!

❶ 미래 주택과 미래 에너지에 대한 체험

가까운 미래에는 어떤 형태의 집을 만들고 생활할지, 미래에는 어떻게 에너지를 효율적으로 사용할는지를 주택 건축 산업체를 직접 방문하면 미리 알아볼 수 있다. 에너지와 관련된 직업은 미래의 유망 직업이 될 것이다.

주관: 더그린관, 에너지관리공단, 에너지 효율 주택 건축 산업체

❷ 애니메이션 산업 진로 체험

1318 친구들이 가장 관심 가지고 있는 분야가 애니메이션이다. 그리고 방송과 관련된 PD의 직업을 갖고 싶어하는 학생들의 진로 체험에 큰 도움이 될 만한 곳이다. 춘천 애니메이션파크의 애니메이션박물관과 로봇 스튜디오를 견학하고, 애니메이션 전문가를 만나 애니메이션을 만드는 생생한 직업 이야기를 들어볼 수 있다.

주관: 춘천애니메이션박물관, 로봇 스튜디오, 강원창작개발센터

❸ 생태, 환경 운동가

자연 속에서 창의력과 사고력을 키우는 다물자연학교와 연계한 프로그램을 서대문구청에서 실시한다. 4월에는 계곡과 골짜기로 가서 개구리와 도롱뇽의 생태 환경과 서식지를 살펴본다. 아이들은 계곡

주변에 쌓인 나뭇잎 밑에서 겨울잠에서 막 깬 곤충들을 찾으면서 겨우내 거름으로 변한 낙엽이 곤충과 나무 들에 어떤 영향을 주는지 설명을 들을 수 있다.

❹ 고고학자 체험

고고학자들은 어떻게 유물을 발견할까? 참가자들이 고고학자로 변신해 유물 발굴 과정을 체험해보는 프로그램이다. 땅속에 있는 화석을 보면서 과거를 유추하듯 어린이들은 모래 속에 숨어 있는 화석을 찾으면서 고고학자를 체험한다.

주관: 전곡선사박물관

❺ 큐레이터 체험

진로를 고민하는 중·고등학생을 둔 가족 모두가 만족하는 진로 탐색 프로그램으로 국립민속박물관의 전문가들이 강사로 나서 박물관 업무와 전시, 관람을 위해 큐레이터들이 어떤 일을 하는지 설명해준다. 그리고 세계 미술의 트렌드를 읽고 각종 전시를 기획하길 원하는 청소년들이 자신의 진로를 꼼꼼히 탐색해볼 수 있는 기회다.

주관: 국립민속박물관

❻ 요리사와 패션 디자이너 체험

요즘 요리사나 패션 디자이너를 꿈꾸는 청소년이 많다. 이런 청소년을 위해 전문가를 초대해 맞춤형 일일 진로 체험을 진행한다. 갖가지 기구를 이용해 평소 관심 있던 요리, 제과 제빵, 공예, 패션 디자인, 영상 등 다양한 분야를 체험할 수 있다. 다양한 직업 체험은 아직 진로를 결정하지 못한 학생들에게 큰 도움이 될 것이다.

주관: 수서청소년수련관, 청소년자원봉사

❼ 서울역사박물관 청소년 프로그램

청소년 자원봉사

· 박물관 콘텐츠를 활용한 봉사 활동 아이템을 개발해 봉사 활동 시간이 필요한 중·고등학생들에게 봉사 기회 제공
· 기간: 4월~12월(학기 중: 매주 토요일 / 여름방학 중: 평일)
· 대상: 중·고등학생
· 모집: 접수 기간 중 날짜별 선착순 마감

중학생 인턴제

· 체험 학습, 봉사, 창의 활동으로 구성해 청소년의 잠재력과 소질 발현 기회를 제공하고자 하는 중학생 대상 주말 프로그램
· 기간: (상반기) 4월~7월(1, 3, 5주 토요일) / (하반기) 9월~12월 (1, 3, 5주 토요일)
· 대상: 중학생
· 인원: 40명(기수별)
· 모집: 인터넷 모집 후 추첨

고등학생 인턴제

· 창의 활동, 체험 학습, 봉사로 구성해 청소년의 잠재력과 소질 발현 기회를 제공하는 고등학생 대상 주말 프로그램
· (상반기) 4월~7월(2, 4주 토요일) / 여름 방학(매주 토요일) / (하반기) 9월~12월(2, 4주 토요일)
· 대상: 고등학생
· 인원: 40명(기수별)
· 모집: 인터넷 모집 후 추첨

· 대상: 중·고등학교 학급 단체(교사가 신청)
· 기간: (상반기) 4월~7월, (하반기) 9월~12월
· 모집: 인터넷 접수
· 주제: 근·현대 서울 역사 기행

봉사 체험

봉사 활동을 통해 타인을 이해하고 타인과 함께 나눌 줄 아는 올바른 인성관을 확립하고 구체적인 소통 방법을 체득하자.

❶ 지역 아동 센터 멘토링 봉사

지역 아동 센터 아동들의 멘토 봉사 활동을 통해 타인과 소통하고 교감하는 것의 중요성과 의미를 익힌다.

❷ 다문화 센터 봉사

다문화 센터 봉사를 통해 다양한 문화를 접하고 우리 문화를 다른 사람들에게 알릴 수 있는 기회를 가져보자.

❸ 양로원 봉사

어르신들 말벗 봉사를 통해 어르신들의 삶의 지혜와 세대 간 소통 방법을 배워보자.

❹ 부모님과 함께하는 청소년 자원봉사

부모님과 함께하는 봉사 활동을 통해 가족 간 화합과 소통의 중요

성에 대해 생각해보자.

❺ 봉사관련 사이트

1365자원봉사포털	http://www.1365.go.kr
서울특별시립 청소년 활동진흥센터	http://www.sy0404.or.kr
청소년자원봉사	http://dovol.youth.go.kr
경기도청소년활동진흥센터	http://www.gysc.or.kr

전공 체험 (인턴십)

❶ 국내 인턴십 프로그램

병원 인턴십

해외 호텔 인턴십

· 미국 플로리다의 아름다운 마이애미 비치에 위치한 최고급 리츠칼튼 사우스
비치에서 한국 인턴21을 통해 한국 조리 인턴을 모집한다. 이 호텔은 네 개의
고급 레스토랑을 보유해 다양한 고급 식당과 요리법을 경험할 수 있고, 총주
방장은 한국인을 선호하며, 이미 인턴을 하고 있는 직원이 잘 근무하고 있다.

금융 인턴십

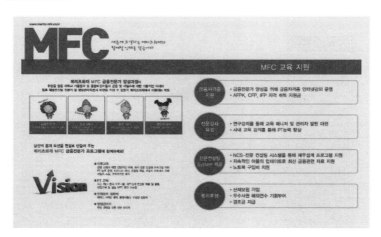

여행 체험

여행은 자기 자신을 되돌아볼 수 있는 가장 훌륭한 선물이다. 여행 체험을 통해 자신의 앞날과 목표를 설정하고 그간 자신이 걸어온 길을 되돌아볼 수 있는 시간을 가져보자.

❶ 제주도 생각하는정원

생각하는정원에서는 정신적 평온함을 느낄 수 있다. 이 정원에 담긴 땀과 노력 그리고 철학은 당신을 감동의 세계로 이끌어준다고 하는데, 정말 인상적인 풍경을 볼 수 있는 곳이다. 멋진 분재들로 이루어진 정제된 예술 공원으로 교육의 즐거움과 내일을 위한 휴식처로 손꼽을 수 있다.

❷ 송암스페이스 센터

서울 근교에서 가볼 만한 곳으로 송암스페이스센터를 꼽을 수 있다. 센터 안의 은하수 길을 따라가다 보면, 밤하늘을 여행도 하고, 우주

공간도 체험하고, 과학자들이 엄청나게 힘든 과정을 이겨낸 진정 대단한 사람들이라는 걸 깨닫게 될 것이다.

❸ 안산갈대습지공원

안산갈대습지공원은 시화호로 유입되는 지천의 수질 개선을 위해

갈대 등 수생 식물을 이용한 자연정화 처리식 하수 종말 처리장이다. 한국수자원공사가 시행한 국내 최초의 인공 습지다. 생태 연못은 습지에서 정화된 물이 마지막으로 빠져나가는 곳으로 여름이면 물싸리와 노랑꽃창포, 금낭화 등이 꽃을 피우며, 연과 부들 등 수생 식물과 붕어와 잉어를 볼 수 있다.

야생화 꽃길은 봄, 여름, 가을 계절별로 꽃을 감상할 수 있으며, 안내판과 그늘막을 설치해 자연 학습장과 휴식 공간으로 활용하고 있다. 야생화 꽃길 주변에서 물레나물, 금불초, 수선화 등 온갖 야생화들과 노루의 오줌 냄새가 나는 노루오줌, 빨갛게 핀 해당화 등이 있다. 갈대가 수면을 가득 메운 습지에서는 오리, 해오라기, 장다리물떼새, 황오리, 중대백로 등 수천 마리의 철새가 노닐고 있으며, 수질 정화 기능이 탁월한 갈대 숲 사이로 순간순간 여기저기서 물고기가 튀어오르는 모습을 관찰할 수 있다.

❹ 경주

세계 10대 문화 유적지로 지정된 곳으로 신비하고도 가슴 찡한 신라인들의 정서를 체험할 수 있다. 아사달, 아사녀의 사랑의 추억이 깃든 석가탑과 인간 중심으로 부처님을 참배하게 설계되어 만들어진 석굴암은 그 이름만 들어도 경이로움을 자아낸다.

토함산에 올라가면 일출의 장엄한 광경을 볼 수도 있다. 바닷가에는 죽어서도 바다의 용이 되어 나라를 구하고자 했던 문무왕의 수중릉과 이러한 부왕의 은혜를 기리고자 지어진 감은사, 만파식적의 전설

이 서린 곳인 감포가 있다.

❺ 대관령 양떼목장

휴게소 옆길로 나 있는 길을 따라 위로 올라가면 신선한 공기와 풀
냄새를 맡을 수 있고, 이국적인 풍경의 드넓은 대관령 초원에서 풀
을 뜯어먹고 있는 귀여운 양들의 모습을 볼 수 있다. 양을 캐릭터로

한 인형을 파는 기념품 가게도 있는데 캐릭터 사업을 접목한 사업 수완도 유념해보자.

독서 체험

독서는 우리 인생에서 꼭 필요한 활동이다. 체험으로 배운 것들을 독서를 통해 사고의 폭을 넓혀가자. 다음에 제시한 책을 바탕으로 부록 6 '독서 기록장 쓰기'와 부록 7 '독서 목록표'를 작성해보자.

❶ 트렌드 코리아 2014

2014년 시장을 주도할 10대 메가트렌드를 정리 · 분석해 제시한 이 책은 매년 출간과 동시에 화제를 불러일으키는 시리즈다. 한국에서 기업을 경영하는 CEO와 마케터 들은 물론이고 정치, 사회, 문화계 리더들이 필독서로 참고하고 있을 정도로 신뢰할 만한 자료를 수록하고 있다.

❷ 친구가 되어 주실래요?

부산에서 태어나 의사로서 보장된 삶을 포기한 채 돌연 사제의 삶을 살기로 결심하고 아프리카 남수단 톤즈에 부임한 이태석 신부는 톤즈에서 오랜 내전과 질병으로 고통받는 이들을 진심으로 돕는다. 희망과 사랑의 꽃을 피운 삶을 살다가 뒤늦게 발견한 대장암과 싸우며 '하루빨리 톤즈로 돌아가 아이들을 만나기'를 희망했지만, 1년간의 투병 생활 끝에 2010년 1월 14일 선종 후 1월 16일 전남 담양 광주 교구 공원 묘지 내 살레시오 묘역에 안장되었다.

물질적 가난을 풍요로 바꾸어줄 수 없지만 그 고통과 가난을 함께 하며 사는 이 신부의 삶이 감동적으로 그려진 책이다. 사제라는 신분을 넘어 서서 평범한 이웃의 한 사람으로, 아픈 곳을 살피고 치료해주는 의사로, 그리고 다양한 악기와 즐거운 노래를 가르치는 음악 선생님으로, 가난한 이들의 친구로 살아가는 저자의 체험이 담긴 따뜻하고 감동적인 에세이다.

❸ 군중행동

이 책은 2012년 대통령 선거 때 첨예화된 한국 사회의 고질적인 문제점인 지역감정, 계층 대립, 세대 갈등의 본질이 무엇인지를 이해하는 데 도움을 준다.

나는 '국민'으로 행동한다고 믿고 있지만 그 이면의 무의식적 심리에는 군중으로서의 욕망이 투사되어 있다. 군중의 욕망은 폭동과 집단 소요와 같은 정치 행위는 물론 인종주의, 왕따, 영웅 숭배, 마녀사냥 등의 다양한 사회 문화의 형태로 표출된다. 군중의 욕망이 집단 폭행으로 변모되는 과정을 설명한 마틴의 견해는 현재 우리 사회에서 문제가 되고 있는 집단 따돌림, 악플을 통한 마녀사냥 등의 문제의 원인이 무엇인지를 보여준다.

❹ 어떤 사람이 최고의 자리에 오르는가

자기 분야에서 최고의 자리에 오른 사람은 무엇이 다를까? 최고의
자리에 오르려면 많은 사람들의 전폭적인 지지와 사랑, 존경과 공감
을 얻어야 한다. 이 책은 당신을 언제 어디서나 주목받는 탁월한 리
더로 만드는 성공 비결인 '성공적인 커뮤니케이션과 인간관계'를 창
출하는 모든 조건을 집대성해 제시한다.

"성공하고 싶다면, 최고의 자리에 오르고 싶다면, 무엇보다 먼저 세
상 사람들이 당신에게 원하는 것이 무엇인지를 알아야 한다. 그리고
즉시 그것을 성취할 수 있어야 한다." 이 책에 담긴 인간관계와 성공
에 관한 놀랍고도 흥미로운 조언과 풍성한 사례 들은 당신이 정상에
오르는 데 가장 지혜로운 길라잡이가 될 것이다.

❺ 정의란 무엇인가

자유 사회의 시민은 타인에게 어떤 의무를 지는가? 정부는 부자에
게 세금을 부과해 가난한 사람을 도와야 하는가? 자유 시장은 공정
한가? 진실을 말하는 것이 잘못인 때도 있는가? 도덕적으로 살인을
해야 하는 때도 있는가? 도덕을 입법화하는 것이 바람직한가? 개인
의 권리와 공익은 상충하는가? 자유 민주 사회에서 정의와 부정, 평
등과 불평등, 개인의 권리와 공동선에 관해 다양한 주장과 이견이
난무하는 이 영역을 어떻게 이성적으로 통과할 수 있을까? 이 같은
질문에 명쾌하게 대답을 제시한 책이다.

이제 여러분은 자신의 진로와 직업을 정하고 여섯 가지의 문화, 진로, 봉사, 인턴십, 여행, 독서 활동을 통해 자기 자신이 앞으로 나아가야 할 목표와 방향을 정했다. 이제부터는 여러분들이 정한 이 꿈을 구체적으로 진행시키기 위한 방법들을 설명하겠다.

04
—
롤 모델과 멘토 찾기

자신이 되고자 막 결심한 꿈도 사실 오래전에 이미 비슷한 생각을 하고 비슷한 목표를 정한 사람이 있다. 우리는 가능한 자신의 시행착오를 줄이기 위해 앞서 나와 비슷한 꿈을 이룬 사람들의 삶을 살펴보고, 그들이 꿈을 이루어가는 과정 속에서 내가 배우고 본받을 것이 있다면 그들을 내 성공 모델과 멘토로 삼는 것도 내 꿈을 이루기 위한 좋은 방법이다.

어떤 사람이 멘토인가?

흔히 내 주변 친구들을 보면 멘토라는 단어도 생소해하는 경우가 많

다. '넌 어떤 사람을 존경해?', '넌 어떤 사람이 좋아', 이런 질문을 꺼
내기가 무섭게 아이들은 자신이 좋아하는 연예인 이름들을 대곤 하
는데, 화려한 모습만 보고 연예인을 인생의 멘토로 삼는 것은 위험한
일이다(물론 연예인이 꿈인 친구들에게는 얼마든지 멘토가 될 수 있다).

　그렇다면 우리는 어떤 사람들을 자기 인생의 멘토로 삼아야 할까?
돈이 많은 사람, 좋은 대학을 나온 사람, 정치적인 권력이 있는 사람
등등 우리 주변에는 잘난 사람들이 너무나 많다. 하지만 이렇게 유명
하고 귀한 분들이 다 우리의 멘토가 될 수 있는 것은 아니며, 또 우리
가 이런 분들을 만나는 것도 쉽지 않은 일이다. 그래서 우리가 찾고,
우리가 만나야 하는 멘토는 어느 정도 자신의 분야에서 성공을 거둔
사람들 중에 비교적 쉽게 내가 만나고 직접 조언을 구할 수 있는 사
람이어야 한다.

멘토와 선생님의 차이

멘토는 선생님보다 더 큰 의미이다. 선생님은 지식을 가르쳐주지만
멘토는 인생을 가르쳐준다. 선생님은 교과 과목에 대해 전문가지만
멘토는 나를 가장 잘 알고 내 인생을 좋은 방향으로 이끌 수 있는 사
람이다. 그래서 멘토는 나와 가장 가깝고 친한 사람, 또 내 인생을 누
구보다 잘 알고 내게 많은 얘기와 조언을 해줄 수 있는 사람이다. 이
정도 이야기하면 여러분의 멘토로서 딱 떠오르는 분들이 계실 것이

다. 부모님이 가장 먼저 멘토의 자리에 딱 떠오르지만 문제는 내가 가고자 하는 분야에 대한 전문성이 있느냐 없느냐 하는 문제에 봉착하게 된다. 사실 내가 하고자 하는 진로와 일이 부모님의 지금 직업과 일치한다면 부모님보다 더 좋은 멘토는 없을 것이다.

하지만 이렇게 부모님의 직업과 내 미래 진로가 일치 하는 사람들이 몇 명이나 될까? 그래서 우리는 미래의 내 분야에서 성공하고 미래의 내 진로 분야를 통해 지금 자신의 뚜렷한 발자취를 그려가고 있는 분들을 자신의 멘토로 삼는 것이 중요하다.

멘토가 있는 것과 없는 것의 차이

멘토가 없어도 7전 8기 자신의 분야에서 성공하는 사람들도 있다. 하지만 우리는 멘토가 있으므로 해서 그들이 이미 겪은 수많은 시행착오들을 줄여나갈 수 있다. 한번 생각해보자. 유명한 사람들에게는 대부분 위대한 스승이 있었다는 것을.《홍길동전》의 저자 허균에게는 스승 이달이 있었다. 또 음악의 영웅 베토벤에게는 스승 네페가 있었고, 유명한 철학자 아리스토텔레스에게는 그보다 더 유명한 스승 플라톤이 있었다.

우리는 멘토의 중요성 대해 깊이 있게 생각해야 한다. 멘토란 자신의 분야에서 남보다 앞서 갖은 어려움과 시행착오를 이겨내며 지금의 자리에 선 사람들이다. 이분들의 이 경험을 우리는 높이 사야 한다. 그것이 우리가 좋은 멘토를 진정한 스승이라 부를 수 있는 이유다.

05

소통하기
리더십 키우기

자, 이제 진로를 정하고 좋은 멘토를 만났다면 이제 여러분들은 다른 사람들과 소통하는 방법을 배우고 익혀나가야 한다. 아무리 여러분 곁에 좋은 멘토가 있고 확고한 목표가 있어도 결국 여러분의 꿈을 한 발 한 발 구체화시키는 것은 바로 여러분들의 몫이기 때문에 1318 친구들은 사람 속에 섞여 타인과 이해하고 서로 소통하는 방법을 반드시 익혀나가야 한다.

경청은 소통의 시작이다

요즘 친구들을 보면 자기 말만 하고 남의 말은 잘 듣지 않으려고 하는 친구들이 많다. 특히 핵가족화되고 한 자녀 가정이 늘어나면서 우리들은 사실 누군가와 이야기하는 것에 익숙하지 않다. 학교에서는 일방적인 주입식 교육을 하고, 집에서는 어머니, 아버지와 대화가 단절되고, 친구들 간에는 서로 마음에 맞는 친구들만 소통하려 한다. 내가 관심 있는 것에는 무엇을 줘도 아깝지 않지만 내 관심 밖의 일은 설령 옆 사람이 죽어간다 해도 신경 쓰지 않는 것이 지금 우리의 현실이다.

하지만 퍼스널 브랜딩을 통해 자신의 이름을 알리고 글로벌 리더로 살아가길 원하는 우리는 지금의 현실과는 다른 삶을 살기 위해 노력해야 한다. 자기 말만 하고 타인의 말을 듣지 않으며 타인과 소통하지 않는 삶이 계속된다면 우리 사회는 그 어떤 협력도, 리더십과 창의적인 아이디어도 더 이상 필요 없는 죽은 사회로 전락할 것이다. 이런 조직 안에서 과연 여러분들이 무엇을 할 수 있겠는가? 이런 사회에서 여러분들이 자신의 퍼스널 아이덴티티를 정립하고 브랜딩화시켜간들 어떤 긍정적 변화가 일어나겠는가? 아이러니하게도 여러분의 긍정적 삶을 위해, 그리고 여러분 자신들을 위해 타인의 말에 귀를 기울이는 경청은 매우 중요한 소통의 열쇠다.

사고의 유연성을 길러라

생각은 말을 만들고 말은 다른 사람의 생각과 감정을 바꾼다. 그래서 타인과 소통하고 그 소통의 결과가 좋은 방향으로 흐르기 위해서는 유연한 사고를 기르기 위해 노력해야 한다. 유연한 사고는 다양한 관점과 시선에서 만들어진다. 그래서 한 가지 틀에 매이기보다는 사물이나 사건을 다양한 관점과 입장에서 생각할 수 있는 사고의 힘을 길러야 한다.

다양한 관점은 어떻게 길러지나

❶ 끊임없이 질문하라!

13~18년 동안 인생을 살아오면서 우리들도 알게 모르게 한 가지 사건이나 사물에 대해 당연하게 생긴 고정 관념을 갖고 있다. 가령 학교에서 점심 시간에 남학생들이 먼저 점심을 먹고 여학생들이 그다음으로 점심을 먹는 이유를 대체로 남학생들은 빨리 밥을 먹고 여학생들은 늦게 밥을 먹어서라고 주장할 수 있다. 하지만 조금만 관점을 바꿔서 생각해보면 점심을 늦게 먹는 여학생들이 남학생들에 비해 배가 더 고파서 빨리 먹을 수 있으므로 사실 여학생들이 남학생에 비해 식사 시간이 길다는 것은 편견인 것이다.

또 우리나라의 차량 신호등은 가로로 되어 있는데 외국에 나가면 차량 신호등이 세로로 되어 있다. 우리나라에서는 가로로 된 차량 신호등이 더 가시적이라고 얘기하지만 사실 운전자 입장에서는 세로로 된 신호등이 가로로 된 신호등보다 가시 거리가 좋다. 이렇듯 우리는 한 번 굳어진 이미지나 사실에 대해서 잘 수긍한다. 하지만 타인과 소통할 수 있는 사고의 유연성을 기르기 위해 우리는 다양한 관점에서 사물을 분석하는 질문의 습관을 기르는 것이 중요하다.

❷ 창의력은 가치를 낳는다

지금 여러분이 그렇게 만들기를 희망하는 퍼스널 브랜드도 사실은 여러분의 가치를 업그레이드시키는 방법이다. 실제 잘 정립된 아이덴티티는 사회 속에서 여러분들이 갖고 있던 가치 이상의 것을 타인에게 표출시키는데, 이는 마치 상품의 브랜드와도 같은 현상을 만들어낸다. 명품 매장을 가면 비슷한 소재의 비슷한 크기를 가진 가방이 어떤 브랜드를 갖고 있느냐에 따라 가격이 달라진다. 명품뿐만이 아니라 우리들이 좋아하는 메이커들을 보면 쉽게 이해할 수 있을 것이다.

가치는 가치 이상의 것을 낳는데, 가치 있는 무언가를 발견하고 성장시키기 위해서 우리는 창의적인 사고를 해야 한다. 창의력과 가치, 가치와 창의력은 서로를 비추는 거울과 같아서 가치가 창의적인 생각을 낳기도 한다. 따라서 가치와 창의력의 관계는 무에서 유를 창조하는 것만큼이나 관련성이 깊다.

단순하고 간단명료하게 말하라

누군가와 대화를 할 때 어렵게 말하거나 말을 길게 하는 사람들이 있다. 이는 상대방이 화자가 말하는 논지를 받아들이기 어렵게 하기 때문에 올바른 소통을 이끌어내기가 어렵다. 상대방과 대화를 할 때는 긴 주제를 짧고 간단명료하게 전달하는 힘이 필요하다. 우선 내가 상대방에서 무엇을 전달할 것인지, 그리고 이 전달할 내용의 구성은 어떻게 할 것인지를 정하고 1차 목표에 맞게 주제를 선택하고 전달하는 능력이 중요하다.

유머는 소통을 위한 또 하나의 히든카드다

소통의 언어는 논리의 언어이면서 동시에 감정의 언어다. 우리 사람은 감정의 동물이기 때문에 논리적 언어로만 소통의 방법을 찾는다면 표현에 있어서 꽤나 무뚝뚝하고 재미가 없을 수도 있다. 논리적인 엄밀함을 한순간에 자르고 들어가는 것이 유머의 미학이다. 유머는 사람의 감정을 완화시키고 사람에게 활력소를 불어넣는다. 그래서 유머를 통한 소통의 방법을 찾는 것도 타인과 보다 잘 소통하기 위한 좋은 방법이다.

소통과 리더십의 관계

리더십은 어쩌면 소통과는 별 관련이 없다고 생각하는 사람들도 과거에는 많이 있었다. 과거에 우리나라가 한창 경제 성장을 이룰 때에는 앞장서서 강하게 사람들을 이끌 수 있는 리더십의 지도자가 필요했기 때문이다. 우리 부모님 세대에는 강하게 대중을 이끌고 어필할 수 있는 지도자가 대중에게 각광받았다.

하지만 우리가 살아가는 시대는 사람들 위에서 군림하는 지도자가 아니라 대중을 받들고 섬기며 하나하나 섬세하게 대중의 뜻을 받아들여 현실화시키는 지도자가 능력 있는 리더로 떠오르기 시작했다. 예전 우리 부모님 세대와는 다르게 지금 우리가 살아가고 있는 이 시대는 다양해졌고, 또 빠르게 변화하기 때문에 리더가 소통 없이 앞장서서 자신을 따르라고 하면 그 사람을 따를 이유가 없는 것이다.

지금은 왜 이런 현상이 일어났는지, 보다 많은 사람들에게 골고루 혜택이 돌아가게 하려면 어떻게 해야 하는지, 또 다수를 위해 소수의 사람들을 희생시킬 필요가 있다면 억압과 힘이 아닌 어떤 설득을 통해 그 사람들의 마음을 돌려야 하는지 고민하는 것이 리더의 매우 중요한 요건과 능력이 되었고, 이런 자질과 능력을 잘 갖춘 사람을 우리는 리더십이 있는 훌륭한 리더라고 부르게 된 것이다. 그래서 현 시대에 올바른 리더로서의 힘은 소통의 힘에서 나온다고 해도 과언이 아닐 만큼 리더에게 있어서 소통은 아주 훌륭한 무기다.

06
자기 PR하기

현대 사회에 있어서 자기 PR은 선택이 아닌 필수다

O. S. 스테인

영국의 유명한 언론인 O. S. 스테인은 현대 사회야말로 자기 자신을 남에게 알릴 수 있는 최적의 시대라고 말했다. 발달한 각종 인터넷 매체와 소셜 미디어 들은 개인을 대중의 아이콘으로 만들기에 충분한 역할을 하고 있다. 우리 친구들이 원하는 퍼스널 브랜딩도 자기 자신을 대중에게 알려 본인의 인지도를 좋은 방향으로 성장시키고, 이 인지도를 통해 본인이 미래 희망하는 일에 있어서 다른 사람들보다 성공할 수 있는 기회를 만들어내는 방식의 퍼스널 브랜딩을 활용하려는 것이다. 현대 사회는 자신을 알려야 본인이 목표로 하는 것을 이룰 수 있는 시대다. 이번 장에서는 퍼스널 브랜딩을 활용한 자기 PR 방법에 대해 알아보기로 하자.

블로그로 자신의 알려라!

블로그는 자신의 전공 영역에 대한 정보를 웹상에서 많은 사람들과 공유할 수 있다. 블로그의 장점은 일기처럼 꾸준히 자신의 발전 과정을 써내려갈 수 있다는 점이다. 점차 자신의 영역에 대한 지식들이 모아지고, 이 모아진 지식들은 이 분야에 정보와 지식이 필요한 사람들에게 도움이 된다. 블로그를 활용해 자신의 능력을 다른 사람들과 함께 나누고 그 과정을 통해 본인 자신의 브랜드 위치를 만들자.

SNS 활용하기

블로그가 웹상에서의 지식 전달을 말한다면 개인 SNS는 개인의 취미나 사적인 것들을 사람들과 공유할 수 있다. 시대가 빠르게 변화하면서 대중은 자신이 관심 있어 하는 사람의 개인적인 사생활까지를 원하고 있고, 지적 소통만으로는 완벽한 소통이 어려운 부분을 SNS을 통해 교감할 수 있다. 이때 주의할 점은 SNS는 잘 활용해야 독이 되지 않는다는 것이다. 지극히 개인적인 내용들이 오가는 SNS는 잘 못 활용하면 오히려 본인 브랜드에 오점을 남길 수 있으므로 SNS를 활용해 대중들과 소통할 때에는 이야기의 주제가 본인이 대중들에 게 전달하고자 하는 주제에 대한 것인지를 주의하며 활용해야 한다.

팟 캐스트 활용하기

개인이 직접 라디오 방송을 하는 것은 쉽지 않다. 블로그나 SNS을 활용한 PR 방법은 1차적인 문자 PR 방법으로 실시간 소통이 어려우나 팟 캐스트를 통한 라디오 방송 PR은 목소리를 통한 2차적 감정 PR 영역까지 도달할 수 있다.

단 개인 라디오 방송 시 주의할 점은 라디오라는 매체의 특성상 매일매일 새로운 방송 콘셉트와 내용을 만들어야 한다는 것과 실시간 모니터링이 가능한 만큼 방송 중 돌발 사항을 순발력 있게 대처할 수 있어야 한다는 것이다.

반면 개인 라디오 방송의 장점은 목소리를 통해 상대방과 소통하므로 감성적인 부분까지 메시지를 상대방에서 전할 수 있다는 점과 블로그나 SNS 매체보다 재미있게 본인 자신을 PR할 수 있다는 것이다.

신문 칼럼 쓰기

인터넷 매체가 발달함에 따라 요즘 인터넷 신문사들이 예전보다 많아졌다. 중·고등학생 신분으로 신문에 칼럼을 쓰는 것은 다소 무리일 수 있지만 요즘은 인터넷 신문사에서 중·고등학생 학생 기자단을 종종 모집하니까 이런 기회를 잘 활용해 신문에 자신의 이름으로 된 칼럼을 기고하자.

신문에 칼럼을 기고할 때는 자신이 가장 잘 쓸 수 있는 분야를 골라 자신만이 독자들에게 줄 수 있는 정보와 내용을 써야 한다. 만일 남들과 비슷하거나 남들도 쓸 수 내용을 칼럼에 기고한다면 이는 본인만이 대중에게 어필할 수 있는 내용이 없으므로 효과적인 자기 PR이 되기 어렵다.

07

창의적으로 놀기

여가의 중요성이 대두된 지 전 세계적으로 10년 남짓 지났다. 그동안 앞만 보고 달려온 우리나라도 3~4년 전부터 여가, 힐링이란 단어가 심심치 않게 방송에 나오면서 예전보다는 많이 여가 문화와 힐링에 대한 관심이 높아지고 있는 추세다. 퍼스널 브랜딩을 갖춘 사람은 일만 하는 사람이 아니다. 자신의 퍼스널 브랜드를 통해 사회에서 열심히 자신의 전문 영역을 구축해야 하지만, 또 다음 프로젝트에 더 좋은 결과를 내기 위해 재충전하는 시간이 반드시 필요하다. 쉬는 것은 다음 것에 대한 준비를 할 수 있는 매우 중요한 시간이다. 이번 장에서는 쉬는 것과 창의적인 상관관계에 대해서 알아보고, 올바른 여가 생활을 하기 위한 방법에 대해 알아보기로 하자.

오버싱킹

지나치게 생각이 많아 부질없는 걱정이 떠나지 않는 현상을 가리켜 오버싱킹이라고 한다. 오버싱킹은 부정적인 생각이 연속적으로 일어나는 현상을 뜻한다. 이렇게 부정적인 걱정과 생각 들이 아침부터 저녁 내내 내 자신을 지배하고 있으면 일의 효율 면에서 어려움이 있는 것은 당연한 결과일 것이다.

우리도 쓸데없는 걱정들 때문에 친구 관계나 학업 면에서 어려움을 겪는 경우가 종종 있다. 특히 청소년기는 타인의 시선을 강하게 의식하는 시기이기 때문에 다른 사람의 말 한마디가 청소년에게 있어서는 오버싱킹이 될 수 있는 경우가 많다 .

오버싱킹을 없애는 방법

오버싱킹을 없애는 방법은 의외로 간단하다. 지금 내가 가지고 있는 걱정과 불안 중에서 정말 앞으로 일어날 일과 일어날 확률이 적은 일을 선별하는 것이다. 예를 들어 공부를 못 했으니 성적이 잘 나오지 않을 불안은 충분히 일어날 수 있는 일이고 공부를 열심히 함으로써 대책을 마련할 수 있는 일이다. 그러나 '이번 장마 때 비가 많이 와서 집이 떠내려가면 어떡하지'라든가 '내가 갑자기 넘어져서 입원을 하게 되면 어떡하지' 같은 불안은 실제로 그 일이 일어날 확률이 매우 희박하므로 빨리 내 마음속에서 떨쳐버리는 작업 필요하다.

오버싱킹 = 스트레스

공부를 하거나 일을 하다 보면 스트레스가 쌓이는 것은 당연하다. 스트레스는 나를 억압하는 것에서 발생하고 자란다. 예를 들어 아침 일찍 학교에 등교하는 것이 스트레스인 학생은 아침에 일어나는 것 자체가 스트레스고, 체육을 잘 못하는 학생은 체육 시간 자체가 스트레스인 것이다. 이렇게 스트레스는 자신이 원하는 않는 것, 잘 못하는 것, 즐겁지 않은 것들을 할 때 생기는 심리적 트라우마다.

스트레스를 잡는 힐링

그러면 우리가 이렇게 사회생활을 하며 자주 접하는 스트레스를 어떻게 풀 수 있을까? 그 해답이 바로 여가와 힐링이다. 숲 속에서 신선한 공기를 마시며 쉰다든지, 분위기 좋은 곳에서 즐거운 시간을 갖는 것이 일반적인 여가 방법에 해당된다. 하지만 쉰다고 해서 마냥 쉬는 것이 올바른 여가라고는 할 수 없다. 올바른 여가는 쉬면서 다음 프로젝트와 할 일을 구상하고 계획하는 것이다. 예를 들어 작가가 차기작을 쓰기 위해 자신이 준비하는 이야기와 비슷한 직업을 가진 사람들을 만나 함께 식사를 하거나 여행을 하는 것이 진정한 창의적 여가 방법이라고 할 수 있다.

창의적으로 놀기

창의적으로 논다는 것은 어떤 것일까? 창의적 사고는 관찰에서 시작된다. 관찰은 만물에 대한 창의적 사고의 시작이다. 사람을 만나거나 친구들을 만났을 때 웃으면서 즐거운 시간을 갖는 것도 중요하지만 친구들과의 만남을 통해 사람의 유형과 습성을 꼼꼼히 관찰하는 것도 중요하다.

우리 1318 친구들이 퍼스널 브랜딩을 정립하고 사회에 나가 자신의 꿈을 이루기 위해 제일 먼저 노력하는 일이 사람 관계다. 부모님 말씀을 들어보면 학교 다닐 때는 학교에서 하라는 대로 열심히 선생님 말씀을 따르고 제한된 인간 관계 속에서 살아가지만, 졸업 후 사회에 첫발을 내딛는 순간 우리는 다양한 사람을 만나게 된다. 우리가 함께 살아가는 사회는 나이가 많은 사람, 어린 사람, 동년배 등 매우 다채로운 사람들이 살아간다. 더구나 학교 때처럼 비슷한 환경과 지역에서 자란 친구들이 아니라 환경도, 고향도 다른 사람이 뒤섞여 살아가는 곳이 사회이기 때문에 우리는 학교 졸업 후 제일 먼저 사람 관계에 대한 문제에 봉착하게 된다.

하지만 지피지기면 백전백태라는 말이 있듯 사람의 유형을 놓고 보면 비슷한 유형들 안에서 사람의 성격들이 분포되어 있다는 것을 알 수 있을 것이다. 다시 말해 사람들은 얼굴과 나이, 학력, 성격 등은 달라도 비슷한 유형의 사람들이 많다는 것이다. 그래서 우리는 친구 관계 속에서 미래 사람 관계를 준비해나가야 한다. 나름대로 이런 유형, 저런 유형 사람들의 장단점을 파악하고 사람 관계 속에서 체험으로 얻는 지식을 활용하는 것이 중요하다.

미술관과 박물관 힐링

미술관과 박물관은 우리에게 많은 것을 제공한다. 사람이 지식을 쌓을 때 눈과 경험으로 쌓는 지식이 있고 미적 감각으로 쌓는 지식이 있는데 미술관과 박물관 힐링은 후자에 해당된다. 감각으로 쌓는 경험에 대해 혹자는 궁금해할지도 모르지만 우리가 감각적 경험으로 쌓은 미적 지식은 미감이 되어 훗날 우리가 프로젝트를 수행하거나 어떤 일을 해나갈 때 값진 도움이 된다.

예를 들어 지금 우리가 살아가고 있는 이 시대는 디자인과 외모가 매우 중요한 시대다. 사람들은 인간관계를 위해 좋은 옷을 사 입고 좋은 곳에 살며 좋은 차를 탄다. 여자들은 다른 사람보다 조금 더 예뻐보이기 위해 화장을 하고 다이어트를 한다. 이것은 지금 우리가 살아가고 있는 이 시대가 바로 보여지는 것에 매우 민감한 시대라는 것을 단적으로 보여주는 예다.

우리는 대부분 다른 사람에게는 자신의 좋은 모습을 보여주려 노력하고 자신의 단점보다는 장점을 극대화시키기 위해 노력한다. 이때 우리의 장점을 포장하는 가장 큰 방법이 자신의 외모를 가꾸는 것이다. 외모도 경쟁력이라는 말이 있다.

요즘같이 모든 게 빠르게 변화하는 사회는 한 사람에게 많은 시간을 주지 않는다. 마치 텔레비전의 여러 채널을 이리저리 돌리듯 사람들은 많은 사람을 상대로 진정성보다 많은 기회를 갖으려 노력한다. 회사의 상품도 마찬가지다. 요즘같이 기술이 발달된 사회에서 제품의 기능이나 성능은 다 거기서 거기다. 따라서 제품 디자인에 차별을 두는 마케팅 전략이 바로 좋은 예다.

본인을 브랜딩하기 위해서, 혹은 회사에서 만들어지는 상품을 마케팅하기 위해서 미적 감각의 발전과 완성은 개인에게 매우 중요한 능력으로 각인되고 있다. 오늘 오후 가까운 미술관과 박물관에 가보자. 거기에 여러분에게 필요한 미적 지식들이 쌓여 있다.

슬로시티

현재 슬로시티 가입 조건은 인구가 5만 명 이하이고, 도시와 주변 환경을 고려한 환경 정책 실시, 유기농 식품의 생산과 소비, 전통 음식과 문화 보존 등의 조건을 충족해야 한다. 구체적 사항으로 친환경적 에너지 개발, 차량 통행 제한 및 자전거 이용, 나무 심기, 패스트푸드

추방 등의 실천이다.

우리나라의 슬로시티는 아시아 최초로 지정된 전라남도 네 개 지역인 담양군 창평면 삼지천마을, 장흥군 유치면, 완도군 청산도, 신안군 증도를 포함해 경상남도 하동군 악양면(차 재배지로서 세계 최초), 충청남도 예산군 대흥면, 전라북도 전주 한옥마을, 경기도 남양주시 조안면, 경상북도 청송군 부동·파천면, 경상북도 상주시 함창·이안·공검면, 강원도 영월군 김삿갓면, 충청북도 제천시 수산면 등 열두 곳이 있다.

사람이 여유롭게 산다는 것은 마음과 행동이 다 여유로워야 가능한 일이다. 매일 전투가 치러지는 이 사회 속에서 마음만 여유롭게 갖고 있다고 다 여유로운 삶을 살아갈 수 있는 것은 아니다. 느리게 행동하고 느리게 생각한다는 것은 어쩌면 이런 경쟁 사회 속에서 뒤쳐질 수 있는 것일지 모르나 우리는 그 느린 여유 속에서 남들이 쉽게 잊고 지나가는 것들을 다시 한 번 생각할 수 있는 긍정적 사고를 하는 계기를 찾을 수 있다.

우리는 너무나 많은 것들을 놓치고 살아간다. 학업, 친구 관계, 이성 문제, 취업 등 자기의 본질이 무엇인지 잊은 채 혹은 내 자신이 무엇이며 내가 누구인지도 잊은 채 하루하루 다람쥐 쳇바퀴 돌 듯 살아가고 있다. 중학교를 졸업하고 고등학교에 올라오면서 우리는 더 자신에 대해 잊고 살아간다. 예전에 나는 이랬는데…… 예전에 나는 이런 꿈이 있었지…… 잠깐 아주 잠깐 혼자 문득 시간이 날 때 생각하고 잊어버리는 삶을 우리는 여태껏 살아오고 있다.

하지만 아이러니하게도 여러분이 성공하기 위해, 또 여러분이 돈을 많이 벌기 위해, 또 여러분이 하고 싶은 일을 하기 위해, 우리는 반드시 본인에 대해 알고 본인 자신을 찾아야 한다. 왜냐하면 자신을 알아야 비로소 자신이 무엇을 하고자 하는지 목표와 길이 보이기 때문이다. 그리고 본인을 바로 알아야 타인을 바로 볼 수 있는 시선과 마음의 여유가 생기기 때문이다. 우리는 너무나 다른 외부적인 것들에 의해 자신을 잘 모르고 살아가고 있다. 그리고 분명한 것은 다른 사람을 바로 알아야 그 다른 사람과의 관계 속에서 우리가 이루고자 하는 바를 이룰 수 있다. 때로는 한 번쯤 일하고 공부하기 위해 느려져라! 그리고 그 느림 속에서 자신을 찾아보자.

08

방황하지 않기

방황은 목적이 없을 때 나에게 일어나는 일이다. 때로는 살아가면서 우리는 삶의 목표와 목적을 잃고 방황하기도 한다. 또 삶에 있어서 방황 한 번 해보지 않은 사람도 없을 것이다. 하지만 방황이 잦아지면 습관이 되고 방황이 습관이 되어버리면 우리 삶에서의 성공은 점점 멀어지는 것이다. 방황은 자기 자신에 대한 불신에서부터 시작된다. 자기 자신을 믿지 않기 때문에 방황은 자주 내 빈 곳을 건드린다. 나는 남들보다 잘하고 있는 것 같은데 자꾸 나만 무언가 뒤처지는 것 같고 자꾸 나만 혼자 남겨진 것 같은 느낌이 든다면 여러분은 지금 방황을 하고 있는 것이다.

크든 작든 방황이 잦아지는 것은 좋은 일이 아니다. 방황을 하더라도 이 방황을 통해 여러분이 무언가를 깨닫고 느끼면 여러분의 방황은 긍정적인 것이 될 수 있지만, 그저 시간을 허비하는 방황, 무언가 꼭 해야 할 시간을 놓쳐버린 방황은 여러분에게 더 큰 실망과 실련을 안겨줄 뿐이다. 청소년기에 방황을 안 할 수는 없다. 하지만 방황을 꼭 해야 하는 것이라면 짧고 굵게 해라. 그래야 적어도 시간이 무엇보다 중요한 우리가 시간과 기회를 놓쳐서 실패하는 일이 없을 것이다.

09

버킷 리스트 만들기

우리는 인생에서 자신이 하고 싶은 일을 과연 몇 가지나 할 수 있을까? 영화 〈버킷 리스트-죽기 전에 하고 싶은 것들〉(2007)에서 주인공들이 자신의 잃어버렸던 꿈을 찾아 자신의 진정한 의미를 깨닫는 과정을 보면 우리는 잔잔한 감동과 깨달음을 얻는다. 지금 이 책을 읽고 있는 1318 친구들은 과연 여태껏 자신이 하고 싶은 일들을 몇 가지나 해봤는가?

나는 하루 종일 빈둥거리기, 꼬마 아이들과 놀기, 가족과 놀이동산 가기, 일주일 동안 책 100권 읽기, 오붓한 곳에서 데이트하기 등 너무나 하고 싶은 일들이 많다는 것을 깨달았다. 여러분도 나와 함께 부록 8 '나의 버킷 리스트'를 참고해 하고 싶은 일 열다섯 개를 적어보자.

대한민국 나이별 버킷 리스트

여섯 살의 버킷 리스트	핑크빛 두발자전거 갖고 싶어요. 엄마 시계랑 만연필 갖고 싶어요. 엄마 선물 사주고 싶어요. 볼에 화장품 바르고 싶어요.
열 살의 버킷 리스트	남자 친구 갖고 싶어요. 아빠와 쇼핑하고 싶어요. 공부 잘하고 싶어요.
열다섯 살의 버킷 리스트	수영 배우고 싶어요. 연예인 사인받고 싶어요. 외국 친구 사귀고 싶어요.
스무 살의 버킷 리스트	좋은 대학 가고 싶어요. 혼자 여행하고 싶어요. 운전면허 따고 싶어요.
스무다섯 살의 버킷 리스트	대기업에 취직하고 싶어요. 독립하고 싶어요. 진정 사랑하는 사람 만나고 싶어요.
서른 살의 버킷 리스트	예쁜 집 갖고 싶어요. 세계 일주하고 싶어요. 직장 관두고 싶어요.

버킷 리스트 구체화하기

버킷 리스트는 자신이 평소에 꼭 해보고 싶었던 일들을 구체적으로 적는 것이기 때문에 버킷 리스트를 구체화하는 과정에서 본인 스스로가 정말 하고 싶은 일들이 무엇인가를 발견할 수 있다. 처음 퍼스널 브랜딩을 할 때 가장 어려운 부분이 바로 내가 무엇을 하고 싶고 무엇이 되고 싶은지에 대한 질문에 대답하는 것이다. 이 부분이 올바르게 정해져야 비로소 본인의 퍼스널 브랜딩에 한 발자국 가깝게 다가설 수 있는 것이다. 그런 의미에서 버킷 리스트 작성은 내가 과연 무엇을 원하는지, 또 내가 무엇을 하고 싶은지, 내 자신을 되돌아보고 앞으로 하고 싶은 일들에 대해 생각해보는 좋은 과정이다.

해보고 싶은 것 되도록 다 해봐라!

무작정 해보고 싶은 것을 다 해볼 수는 없다. 하지만 적어도 그것이 사회에 반하는 행동이 아니고 타인에게 피해를 주는 것이 아니라면 버킷 리스트는 내가 경험을 쌓는 계기가 된다. 버킷 리스트 작성과 버킷 리스트를 하나씩 이루어가는 과정을 통해 보다 많은 경험을 쌓아가길 바란다.

10

작품 만들어보기

청소년기에 자신의 작품을 만들어보는 것은 매우 값진 경험이다. 비록 영화감독이나 작가 혹은 화가가 꿈이 아니라 해도 가장 창의적인 시기인 청소년기에 자신이 만든 작품을 하나 정도는 갖고 있다는 것은 아무나 할 수 없는 일이다. '문화에 미치기' 장에서 설명하겠지만 문화를 정복하는 나라가 강대국이라고 할 수 있을 만큼 우리는 이미 문화 르네상스 시대에 들어섰고 문·이과를 통털어 문화는 우리 시대의 가장 핫한 아이콘이 되었다. 문화가 이끄는 신문화 자본주의에 대해서는 다음 장에서 자세히 설명하기로 하고 이번 장에서는 영화나 인터넷 UCC를 만드는 과정에 대해 설명해보기로 하겠다.

왜 작품 창작인가?

이 시대 자신의 목표와 꿈을 이루기 위해서는 창의적 인간이 되어야 한다. 퍼스널 브랜드를 구축하기 위해 창의력이 얼마나 중요한지는 앞에서도 설명했다. 작품 창작은 창의력에 윤활유를 붓는 것과 같다. 창의력이란 가만히 있는다고 해서 발전되는 것도 아니고 어머니 배 속에서 나올 때부터 생기는 것도 아니다. 안타깝게도 청소년기 가장 청의력이 절정인 시기에 우리 1318들은 제대로 창의력을 발전시키지 못하고 있다. 그래서 나는 청소년들의 커리어를 발전시키는 방법으로 작품 창작 활동을 추천하고 싶다.

영상 세대는 영상 언어로

사실 우리는 책보다 영상이 더 가까운 세대다. 인터넷 속 온갖 동영상과 UCC, 모바일 속 영상 들이 더 친숙한 세대인 우리는 영상 언어에 익숙하다. 그래서 자신의 생각을 글로 옮기는 경우도 좋지만 영상으로 표현하는 방법에 대해 설명하고자 한다.

❶ 영상 문법 콘티로 그린다

　영상에도 영상 문법이 있다. 클로즈업 숏, 바스트 숏, 웨스트 숏, 니 숏, 풀 숏 등 영상에 쓰이는 언어들을 먼저 익히는 것이 중요하다. 그리고 자신이 생각하고 있는 이야기를 영상으로 옮기기 전에 그림으로 그려보는 것이 좋은데, 이 그림을 콘티라고 한다.

❷ 장소 섭외

콘티가 그려졌으면 장소와 인물을 섭외하는 것이 중요하다. 장소는 카메라 구도와 함께 영상의 미장센을 구성하는 중요한 요소이므로 표현하고자 하는 이야기를 가장 잘 나타낼 수 있는 장소를 섭외하는 것이 중요하다.

❸ 촬영

요즘 나온 디지털 동영상 카메라들은 대부분 HDV 방식을 취하고 있어서 고화질 촬영 가능하다. 카메라의 조작 방법 또한 간단해서 혼자서도 쉽게 촬영할 수 있다.

❹ 편집

보통 디지털 편집은 맥 컴퓨터를 사용해 많이 이루어지는데 파이널 컷 프로나 어도비 프리미어 프로그램을 많이 사용하다. 시간 트랙을 모니터 위에 띄워놓고 프레임에 맞춰 동영상을 자르기도 하고 붙이기도 하기 때문에 초반 약간의 조작 요령만 익히면 비교적 쉽게 편집을 할 수 있다.

❺ 시사회

이렇게 하나의 완성된 작품이 나오면 주변 식구나 친구 들에게 본인의 작품을 시사하자. 이런 작품 활동을 통해 자기 자신의 생각과 창의력을 키울 수도 있고 본인의 생각을 주변 사람들과 함께 나눌 수도 있다.

11

여행하기

여행은 우리 삶의 스승이다

J. 샘스

희곡 작가 J. 샘스는 여행은 우리 삶의 스승이라고 말했다. 그만큼 여행이 우리 삶에 미치는 영향은 매우 크다. 우리는 여행을 통해 일상에서 잠시 물러나 다른 가치들을 찾을 수 있는 기회와 시간을 가질 수 있게 된다. 자본주의 사회가 갖고 있는 문제점인 경쟁과 순위 다툼을 벗어나 이 세상 속 패러다임이 자본주의 말고도 다른 여러 가지 가치들이 존재한다는 것을 여행은 우리에게 말해준다. 이번 장은 자기 계발과 밀접한 관련이 있는 여행지를 소개하겠다.

문화를 배울 수 있는 문화 여행지

❶ 가평 쁘띠프랑스, 남해 독일마을, 파주 경기영어마을

해외에 나가지 않아도 우리나라 안에서 다양한 외국 문화를 만날 수 있는 대표적인 곳이 경기도 가평의 '쁘띠프랑스', 경상남도 남해의 '독일마을', 경기도 파주의 '경기영어마을'이다.

서울에서 북한강을 따라 올라가다 보면 춘천에 못 미쳐 도로 왼편에 쁘띠프랑스가 나온다. 쁘띠프랑스는 말 그대로 프랑스 문화를 테마로 아기자기하게 꾸며놓은 '작은petit' 마을이다. 경기도 가평군 호명산자락 청평 호수가 내려다보이는 자리에 있다.

경상남도 남해의 해안 도로를 타고 가다 보면 동쪽으로 바다가 보이는 곳에 주황색 지붕을 올린 이국풍 집이 수십 채 보인다. 지난 2000년부터 조성된 독일마을은 파독 간호사나 광부 들이 우리나라에서 노후를 보내기 위한 곳이니만큼 입주민 모두가 노령이다. 조용하고 쾌적한 마을 분위기를 선호하기 때문에 처음에는 생활에 간섭을 받는 자체를 꺼려했다. 그러나 마을 소문을 듣고 관광객들이 하나둘 오기 시작하면서부터 마을 분위기가 서서히 바뀌었다. 독일마을 자체만큼 유명한 곳은 이 마을 북쪽에 위치한 '원예예술촌'이다. 입장료를 받는 이곳에는 독일을 포함한 세계 각국의 정원과 전통 주택이 아기자기한 모습으로 꾸며져 있다. 체험관에서는 다양한 음식 체험도 할 수 있다.

경기영어마을에서는 영어를 공부하고 영국 문화도 배울 수 있다. 경기영어마을로 들어가는 관문인 출입국 사무소 앞에 세워진 돌기둥은 얼핏 고인돌처럼 보이지만 영국의 대표적 문화재인 '스톤헨지'다. 석기 시대인 기원전 1900~1500년에 세워진 것으로 추정되는 신비의 유적지다. 입장권으로 콘서트와 뮤지컬 공연, 영어 단어를 배울 수 있는 퀴즈 쇼, 은행·우체국·경찰서·병원 등 일일 체험 프로그램에 참가할 수 있다.

❷ 미래 주거 환경을 상상할 수 있는 건축 박람회

대표적인 건축 박람회는 올해로 21회째를 맞는 서울국제건축박람회가 있다. 이 행사는 매년 유럽, 미국, 중동, 아시아 등 다양한 국적의 해외 유명 건축 무역 박람회 주최사들의 바이어가 참가하고 해외 업체도 참여할 수 있는 국제 무역 전시회다. 세계를 무대로 한국 건축 문화와 산업을 알리고 건축 한류를 이끌어가는 선두적인 역할을 한다. 전통 한옥 시공 자재, 친환경 건축 자재, 에너지 절감 기자재 등 국내 건축을 이끌어갈 앞선 기술이 곳곳에서 눈에 띈다.

가장 큰 특징 두 가지를 꼽으라면 '친환경'과 '여유'를 말할 수 있다. 목재, 황토 등과 같이 인체에 무해한 재료를 사용해서 내장재나 벽돌 등을 만들어 건축했을 때 안전성과 친환경적 요인을 강조했다.

❸ 미래 지식의 창고 도서관 여행

도서관은 미래 지식이 모여 있는 곳이다. 주말 가족과 함께 가까운 도서관에 가보는 것도 좋은 자기 계발 여행 중 하나다. 또 도서관에서는 가족 및 학생 들을 위한 각종 강연회, 세미나 등을 열어 주민들과 소통하기 위해 노력하고 있으므로 이런 프로그램들을 잘 활용하는 것도 재미있는 경험이 될 것이다.

❹ 전통과 도심을 한 눈에 서울시티투어버스

서울시티투어버스의 도심·전통 문화 코스는 DDP를 출발해 방산/중부시장·을지로3가·롯데호텔 맞은편(서울시청, 덕수궁)·통인시장(청와대, 서촌)·세종문화회관·광화문·서울역·남대문시장(화폐박물관)·명동·종각/보신각(청계천)·인사동·종묘(세운전자상가)·광장시장 등을 거쳐 다시 DDP로 돌아온다. 강북 도심의 주요 명소와 전통 시장을 두루 돌아볼 수 있어 외국인뿐 아니라 내국인에게도 인기가 많다. 도심 속 버스 투어를 통해 우리가 잘 모르고 있었던 서울의 또 다른 모습을 살펴보는 것도 좋은 경험이 될 것이다.

⑤ 복잡한 마음의 치유 템플 스테이

최근 명상 여행으로 템플 스테이에 대한 관심이 높아지고 있다. 경남 양산의 통도사 템플 스테이는 참가자 중심으로 한 맞춤형 템플 스테이다. 2014년 여름에는 '오늘, 그대와 나 부처의 길에 들다'를

주제로 템플 스테이를 진행했다. 어린이 여름 수련 법회, 중 · 고등
부 여름 수련 법회, 직장인 여름 수련 법회 등 참가자별로 나눠 진행
한다는 점이 특징이다. 참가자들이 사찰 예절 교육을 비롯해 '소원
등 및 합장 주 만들기', '친구를 부처님처럼', '자연 생태를 알다' 등
프로그램으로 단기 출가를 체험하며 자신을 되돌아볼 수 있는 계기
를 제공하고 있다.

12

문화에 미치기

문화는 이 시대 가장 많은 이슈와 부가 가치를 갖고 있는 분야다. 1318 청소년 시기에 문화를 이해하고 문화에 대한 관심 지수를 개발한다는 것은 미래에 내가 어떤 일을 하든 굉장히 나 자신에게 도움이 될 뿐만 아니라 실제 어떤 분야에서든 문화에 대한 지식을 사용할 수 있기 때문에 1318 우리 친구들에게 문화는 꼭 한 번쯤 미쳐볼 만한 분야이며 자기 계발의 필수 영역이다.

디지털 문화

요즘 디지털 유목민이라는 말을 많이 들어봤을 것이다. 이들은 흔히 디지털 노마드라고 불리는데, 주로 도시에 거주하고 있는 20~30대의 사람들을 지칭하는 말로 디지털 노마드의 특징은 PC, 모바일, 노트북, PDA 등을 활용해 자유롭게 시간과 공간의 제약을 받지 않고 디지털 공간을 마음대로 여행한다는 것이다.

디지털 문화와 콘텐츠 원형

디지털 문화는 매우 다양하다. 영화에서부터 웹툰까지, 또 전 세계인의 이슈에서부터 지극히 개인적인 것까지 디지털 세상의 문화 창조는 그 영역이 매우 넓고 다채롭다. 그런데 우리가 여기서 몇 가지 생각해봐야 할 것은 디지털 문화는 전 세계적인 문화라는 것이다. 디지털 문화를 잘 파악하고 디지털 문화의 흐름을 잘 이해하면 우리는 꽤 많은 부가 가치를 만들어낼 수 있다는 것이다.

예를 들어 우리가 즐겨 먹는 떡볶이는 이제 우리에게는 신기할 것이 없는 일상적인 문화이지만 저 멀리 태국이나 필리핀 같은 동남아 나라에는 매우 신기한 음식이 된다. 지금 우리가 흔히 보는 자판기는 우리에게는 별 신기한 물건이 아니지만 저 멀리 몽골 사람들에게는 꽤 신기한 문화적 충격으로 다가설 수 있다.

평범한 문화를 낯설게 하는 디지털 노마드

디지털 시대의 문화적 특징은 '낯설게 하기'다. 우리도 지금까지는 경험해보지 않은, 외국의 어떤 문화가 국내에 확산되면 그 문화를 선호하는 트렌드 서치 현상이 있다. 트렌드 서치 현상은 특정 문화가 처음에는 별 의미 없이 사회에 확산되다가 그 문화를 상류층이나 연예인들이 향유하게 되면 문화적 힘을 갖고 사회에 급속도로 확산되기 시작하는 현상을 말한다. 그런데 이때 문제가 될 수 있는 부분이 상류층의 문화적 소비가 중산층과 그 밑 소비 계층까지 전달되면서 무분별한 문화 소비 성향으로 변질될 수 있다는 것이다.

즉 이유 없는 문화적 소비는 자본을 쉽게 움직이지만 그만큼 문화적 사고의 힘을 미약하게 만든다. 문화적 사고의 힘이 미약한 사회는 디지털 노마드 시대에 더욱 위험해질 수밖에 없다. 디지털 노마드의 본질은 경계 없는 확장과 급속히 빠른 속도에 있다. 그래서 이 시대를 지배하는 나라는 문화를 지배하는 나라라는 말이 틀린 말은 아니다.

한류의 다음 행보

〈강남스타일〉로 한류 열풍이 재점화가 되었다. 최근 후속으로 낸 싸이의 〈행오버〉가 1억 뷰를 돌파했다. 한류는 한국 문화가 급속한 디지털 물결을 따고 전 세계적으로 뻗어나간 현상을 말한다. 엄격히 말하자면 한류의 류는 한국적 흐름, 즉 한국의 뉴웨이브보다는 디지털 노마드가 만들어낸 디지털의 물결이라는 표현이 더 옳을 것이다. 결국 문제는 디지털 안에 무엇을 담느냐의 문제다.

디지털 노마드의 특성은 짧고 간결함이다. 대부분 10~30대로 이루어진 디지털 세대들은 거창한 것보다는 간결함을, 우울함보다는 재미를 추구한다. 싸이의 〈강남스타일〉이나 〈행오버〉는 이런 디지털 세대의 특성을 잘 겨냥하고 있다.

한류 이미지 정체성의 문제

인지도가 낮을 땐 무조건 남들에게 알리는 것이 중요하다. 그것이 노이즈 마케팅이든, 재미난 방법으로 상대방을 웃기든, 힘이 없고 브랜드 인지도가 낮을 때는 무조건 알리는 것에 치중해야 한다. 그러나 어떤 이미지 혹은 어떤 브랜드 아이덴티티로 상대방 머릿속에 각인되느냐는 매우 중요한 문제다. 문화적 아이덴티티는 쉽게 바뀌지 않기 때문이다. 사실 88 서울 올림픽, 2002 한일 월드컵을 성공적으로 치르고도 한국이라는 나라는 그렇게 많은 나라에 알려진 나라가 아니었다.

그런데 〈강남스타일〉이 한국을 다양한 나라에 알린 것은 대단한 일이라고 할 수 있다. 이제 해외 어디를 가도 〈강남스타일〉과 삼성 갤럭시 폰은 한국을 대표하는 수식어가 되었고 한국 사람으로서 나름 이 부분에 대해 고마움도 느끼는 것은 사실이다. 하지만 고마움과 동시에 약간의 비애감도 든다. 우리나라의 장점이 고작해야 〈강남스타일〉과 삼성 핸드폰밖에 없겠는가?

우리가 갖고 있는 무궁한 문화유산이나 같은 아시아 계통이지만 일본, 중국과 다른 우리 대한민국만의 독자성 등등 내가 생각하는 우리의 문화적 장점들은 수도 없이 많다. 그런데 우리는 너무 상업적으로만 앞만 보고 달려온 것 같다. 우리 자손들이 외국에 나갔을 때도 외국 사람들이 한국을 〈강남스타일〉과 삼성 핸드폰으로만 기억한다면 이는 확실한 문제다.

모든 브랜드 아이덴티티는 한 번 고정되면 바꿔지기가 어렵다. 그래서 한 사람뿐만 아니라 기업, 나아가 국가적 브랜드를 만들기까지는 많은 시간과 노력이 필요한 것이다. 그런데 디저털 문화로 인해 우리나라의 브랜드 아이덴티티는 빠른 시간 안에 〈강남스타일〉과 삼성 휴대폰으로 전이됐고, 이제 슬슬 브랜드 이미지로 고착되고 있는 것 같다.

내가 외국 사람들에게 한 가지 감탄한 것은 왜 우리나라는 스페인의 가우디 성당이나 프랑스의 루브르 박물관 같은 문화 콘텐츠로 세계에 알려지지 못하는가라고 생각이 들 정도로 자신의 문화를 잘 알린다는 사실이다. 우리나라에도 경주에 신라 문화 유적이 있고, 고구려 문화 유적도 대단한 수준이다. 이런 문화들이 스페인이나 프랑스에 비해 뒤떨어질 이유가 하나 없는 것이다.

하지만 우리는 이런 문화적 원형을 문화 콘텐츠로 만드는 것에는 인색하다. 빨리, 빠르게 세계 사람들 머릿속에 각인되는 것이 목표인 우리는 이런 문화적 유산을 콘텐츠화시킬 시간과 자본의 여유가 없다.

한류를 넘어 새로운 한류

이제 우리는 다음 한류를 계획하고 만들어나가야 한다. 엄격히 말하면 지금의 한류는 디지털 노마드가 만들어낸 방황과 이동의 한류다. 이제 우리는 진정 한국 문화의 저력을 갖고, 한국 문화의 깊은 뿌리에서 나오는 자양분을 통해 콘텐츠를 기획하고 만들어 제2의 새로운 한류를 향한 발걸음을 시작해야 한다.

그래서 우리 다음 세대의 한류는 〈강남스타일〉과 한국 토속 문화가 공존하는, 재미도 있지만 의미도 있는 한국의 모습으로 다른 나라 사람들 머릿속에 각인되기를 바란다.

13

외국어 능통하기

현대 사회에서 외국어는 필수다. 미래 자신의 역량을 한국 시장만으로 생각하고 있는 1318 친구들이 있다면 이는 미래의 바람직한 글로벌 리더의 모습이 아니다. 세계는 이미 국제화, 지구촌 시대가 되었고 그 안에서 시장의 개척과 기회는 무궁무진하다. 그래서 우리는 외국어 공부에 힘을 기울여야 한다. 단순히 시험 성적을 위한 외국어 공부가 아닌 외국 사람과 소통하고 그들의 문화를 받아들이며 그들을 이해하는 폭 넓은 외국어 공부가 되어야 한다.

글로벌 시대의 시장 개척은 낯설게 하기와 소통에 달렸다. 그런데 이 소통의 가장 근간이 되는 외국어 능력이 안 갖춰져 있다면 이는 글로벌 리더의 자질과 소양을 잃고 가는 것과 같은 것이다. 외국 사람들을 만나 서로의 문화를 이해하고 소통할 수 있을 만큼의 외국어 실력

을 길러라. 외국어 능력 향상도 1318 여러분이 자신의 퍼스널 브랜드
를 향상시키는 데 매우 중요한 역할을 하는 부분이다.

14

입장 바꿔 생각해보기

글로벌 리더가 되는 퍼스널 브랜딩 열네 번째 이야기는 입장 바꿔 생각해보기다. 사자성어 중 '역지사지'라는 말이 있다. 우리는 살아가면서 상대방과 첨예하게 대립되는 경우가 많다. 특히 그 대상이 가족이나 가까운 친구이면 더욱 힘든 일이다. 부모와의 갈등, 친구와의 갈등과 같은 대부분 갈등의 원인은 아이러니하게도 상대방에게 더 많은 관심과 사랑을 받고 싶은 우리의 욕구 때문이다.

사랑의 반대말은 미움이 아니라 무관심이다. 정말 그 사람을 사랑하지 않는다면 우리는 싸우고 헐뜯는 것이 아니라 아예 그 사람을 우리의 머릿속에서 지워버리고 만다. 따라서 우리가 최소한 상대방으로 인해 머리가 아프고 속이 썩고 있다면, 그 사람과의 소통을 회복하고 관계를 다시 긍정적인 방향으로 돌려놓는 것이 중요한데, 그 가장 좋은 방법이 바로 상대방 입장에서 생각해보는 것이다. 왜 엄마는, 왜 아빠는, 왜 친구는, 왜 선생님은 내게 이러는 것일까라고 생각하기 전에 왜 우리 아이는, 왜 내 친구는, 왜 내 제자는 이런 것일까라고 먼저 상대방의 입장이 되어 생각해보아라.

물론 우리는 아무리 상대방을 이해한다고 해도 100퍼센트 다 상대방을 이해할 수 없다. 부모 자식 간에도, 형제, 자매 간에도 우리는 서로를 다 이해할 수 없는 것이다. 그러다 보면 가까운 사이일수록 더 상대방이 마음에 안 들고 이렇게 마음에 안 드는 부분들이 모여 큰 갈등으로 변질된다.

하지만 가족만큼 자기 자신을 가장 잘 이해하고 아껴주는 사람은 없다. 확실컨대 내 부모, 내 형제, 자매만큼 내 자신을 사랑해줄 사람은 없다. 그러기에 자신을 가장 사랑하고 자신이 가장 사랑해야 할 가족들과 갈등이 생긴다면 이보다 더 불행한 일은 없을 것이다. 서로의 입장에서 서로의 시각에서 서로의 생각을 바라봐라. 그곳에 바로 관계 개선과 소통의 실마리가 있다.

15

진심으로 누군가 믿어주기

진심으로, 확신을 가지고 믿는다는 것은 종교에서 말하는 믿음이다. 진심으로 누군가를 믿는다는 것은 어쩌면 요즘 같은 시대에 가장 어려운 말인지도 모른다. 하지만 이 믿음이라는 단어에는 굉장한 힘이 있다. 특히 자신의 퍼스널 브랜드를 개발해 청소년 시기부터 자신의 분야에서 두각을 나타내길 원하는 1318들은 이 믿음이라는 단어를 가슴 깊이 새겨 두길 바란다. 내가 누군가를 진심으로 믿어주는 자세가 되어야 남들도 나를 진심으로 믿어준다. 그럼 이 믿는다는 것은 어떤 것을 파생시키는가?

믿음은 뜻밖의 결과를 낳는다

사람이 사람을 믿어주는 것만큼 남에게 힘이 되는 일도 없다. 우리는 불가능한 일에 도전을 할 때나, 도저히 저런 내 앞의 장벽을 뛰어넘을 자신이 없을 때 털썩 그 자리에 주저앉고 만다. 하지만 누군가를 믿고 또 누군가가 나를 진정으로 믿어준다면 얘기는 다르다. 그리고 지금 내가 하고자 하는 일이 나 혼자만의 이익을 위한 일이 아니라 진정으로 나 자신을 믿어준 사람을 위한 일일때, 또 우리 모두를 위한 공동의 일일 때 이 믿음이 기적을 불러오기도 한다.

자신의 퍼스널 브랜드를 갖고 살아가는 사람들은 그렇지 않은 사람들보다 어려움을 많이 겪으며 살아간다. 사람들은 이름과 평판이 있는 사람들일수록 모든 걸 해낼 수 있는 사람들이라고 믿기 때문이다. 그러나 이름과 평판이 있는 다시 말해 퍼스널 브랜드를 갖고 있는 사람들도 다른 사람과 같은 사람이다. 단지 일반인들과 다른 점이 있다면 어려서부터 자기 분야의 퍼스널 브랜드를 조금 더 잘 갈고닦아온 사람이라는 것이다.

어려운 일을 만나면 사람들은 다 비슷하게 반응한다. 더더구나 그 일이 자신의 능력과 힘에 부치는 일일 때 사람들은 뒷걸음질을 친다. 하지만 일반인과 전문가가 다른 것은 일반인은 포기부터 하지만 전문가는 성공 확률이 희박한 곳에서 성공의 방법을 찾는다는 것이다. 그리고 이런 어려운 상황에서 기적 같은 성공을 만들어내는 것은 누군가를 믿어 주고 묵묵히 함께 동참해주는 신뢰와 믿음의 힘이다.

믿음으로 만들어진 세상

자본주의는 경쟁과 불신을 양산해냈다. 이런 경쟁과 불신은 서로를 미워하고 서로를 물어뜯는 사회 분위기를 만들어내며 우리 삶을 더욱더 어렵게 몰아가고 있다. 1등만이 기억되는 세상, 과정은 어떻든 결과만 사람들 머릿속에 남는 이런 자본주의 패러다임은 사람 관계에서 불신을 양산시켰고 1등이 아닌 2등, 3등, 4등 들을 아무런 대책 없는 죽음의 공간으로 몰아 넣었다.

자본주의의 가장 큰 문제점은 바로 2등, 3등, 4등이 1등에 비해 압도적으로 많다는 것이다. 1등인 소수가 낮은 등수인 다수를 지배하는 시장 논리의 세상, 이것이 자본주의가 갖은 가장 큰 문제점이며, 꼴찌들에게 대안이 없다. 이러한 문제가 바로 자본주의 불신을 더욱더 가속시키고 있다.

왜 이렇게 우리는 태어나서부터 경쟁 속에서 살아야만 할까? 1등만이 기억되고 1등만이 대부분의 모든 것들을 싹 쓸어가는 구조의 세상에서는 더 이상 타인에 대한 믿음이 싹틀 수 없다. 나 살기도 힘들고 남 넘어뜨리기도 힘든데 언제 믿음에 대해 생각할 시간이 있겠는가!

그런데 이렇게 가중된 사회 분위기 속에서 자신이 이기기 위해 상대방을 핍박하면 핍박할수록 그 역효과는 고스란히 자기 자신에게 돌아온다는 것을 우리는 깨달아야 한다. 결국 믿음은 성숙한 사회 분위기 속에서 자생되고 성숙되는 것이다.

마음에서 우러나와 내가 좀 덜 가져가도 괜찮다고 생각할 때, 나는 이만큼 벌었으니 내 주변 사람들의 상황도 어느 정도 배려하게 될 때 자본주의의 나쁜 그늘들이 하나둘 없어질거라고 생각해본다.

16

나만의 이미지 만들기

내 자신을 디자인하는 것은 이 시대를 살아가는 1318들에게 너무나 중요한 문제가 되었다. 외모적인 부분에서부터 나 자신의 의식 디자인 메이킹까지 이번 장에서는 자기 자신의 브랜드 심볼(상징)을 꾸미고 갖추는 방법에 대해 알아보겠다.

밝은 표정의 중요성

우리가 누군가를 처음으로 만날 때 맑게 웃는 얼굴 표정과 단정한 옷차림이 먼저 눈에 들어온다. 사람은 시각의 동물이므로 처음 사람을 대할 때 시각적으로 들어오는 1초간의 정보가 그 사람에 대한 잠재의식을 만들고 이 잠재의식이 앞으로 관계를 유지해나갈 때 알게 모르게 많이 작용하게 되는 것이다. 대학이나 취직을 위해 면접을 볼 때도 마찬가지다. 가지런한 표정과 태도는 면접관에게 긍정적인 이미지를 각인시키는 놀라운 힘을 가지고 있다.

밝은 표정만 지어도 여러분의 퍼스널 브랜딩이 한결 쉬워진다. 본인이 어두운 표정을 잘 짓는다면 지금부터 거울을 보고 환하게 웃는 연습을 해라. 웃는 얼굴에는 침을 뱉지 못하기 때문에 여러분의 이 환한 미소와 표정이 바로 자기 자신의 장점이 되는 것이다.

이제는 목소리 훈련도 필수다

목소리 훈련을 해야 한다고 하면 아나운서가 될 것도 아닌데 무슨 보이스 트레이닝이냐 할 친구들이 있을 것이다. 하지만 지금 우리가 살아가고 있는 이 시대는 목소리도 훌륭한 본인만의 이미지다. 사람을 만나기 전 목소리로 먼저 알게 되는 경우도 많아졌고, 사람을 만나도 그 목적과 분위기에 맞는 목소리가 중요한 이미지 트렌드로 떠올랐기 때문이다. 실제 목소리 이미지로 살아가는 성우들의 몸값이 예전보다 많이 오른 것을 보면 이 시대에 목소리의 의미가 얼마나 중요한지 알 수 있다. 상대방에 대한 믿음과 신뢰는 분명 목소리에서만 나오는 것이 아니다. 하지만 보다 상대방에서 안정감과 신뢰감을 줄 수 있다면 목소리 훈련을 통해 자신의 보이스를 바꿔보는 것도 퍼스널 브랜딩의 좋은 방법이 될 것이다.

패션 브랜딩도 중요하다

우리는 지금은 거의 대부분의 시간 동안 학교에서 교복을 입고 있지
만 우리가 입는 이 교복도 자신의 개성에 맞게 입으려고 부단히 노
력한다. 청소년기에 우리가 입는 옷, 옷의 색상, 브랜드, 디자인은 우
리의 개성을 밖으로 표출하는 매우 민감한 표현 수단이 된다. 심지
어 비슷한 브랜드의 옷을 선호하는 친구들끼리 함께 모임을 만들기
도 하고, 또 옷을 리폼해 입는 친구들끼리 만나 함께 옷을 디자인하
고 리폼해서 입기도 한다.

  사실 우리 나이 때만 어떤 브랜드의 옷을 입고 어떤 가방을 매고 어
떤 신발을 신는 것이 중요한 것은 아니다. 어른들의 옷에 대한, 브랜드
에 대한 충성도만 봐도 패션은 청소년, 어른 할 것 없이 다 중요하다는
것을 알 수 있다. 그러면 이런 패션 브랜딩을 어떻게 하는 것이 자신의
브랜드 아이덴티티를 잘 표현하는 방법일까?

  어른이 되면 자기 직업에 맞게 옷을 입는 것이 중요하다. 또 자신이
속한 공간과 목적에 맞게 옷을 고르고 되도록 자기 자신에게 잘 어울
리는 디자인과 색상의 옷을 입는 것이 좋다. 아무리 좋은 브랜드의 옷
이라도 자신의 체형과 피부 톤에 잘 어울리지 않으면 다른 사람들에
게 좋은 인상을 남기기 어렵기 때문이다.

또 적당한 브랜드 안에서 자신이 자유롭게 코디할 수 있는 창의력이 중요하다. 멋을 낸다는 것은 너무 덕지덕지 화려하게 치장하는 것이 아닌 심플한 디자인에 포인트를 줌으로써 더욱더 자신을 돋보이게 하는 것이기 때문에 너무 화려한 치장과 장식은 오히려 상대방에게 역효과를 줄 수 있다.

17

프로젝트 진행하기
내 사업 해보기

본인만의 프로젝트 진행하기 부분도 우리 청소년기에 꼭 한 번쯤은 경험해야 할 좋은 커리어 브랜딩 방법이다. 그러면 어떡하면 나만의 프로젝트를 진행시킬 수 있는지 그 방법을 알아보기로 하자.

기획서 쓰기

내가 처음으로 하고 싶은 사업 내용이 무엇인지, 무엇을 해서 수익을 낼 것인지 기획서를 통해 다른 사람들에게 내 생각을 알릴 수 있다. 처음 들어가는 예산은 얼마며, 어떻게 예산을 조달하고 집행할 것인지를 고려해 사업 전략을 수립해야 한다. 또한 사업 전략 수립이 끝나면 자신이 다룰 상품에 대해 자세히 기획서를 쓰는 것이 중요하다. 자신이 사업을 통해 소비자에게 팔 상품이 유형이든 무형의 상품이든 상품군을 자세히 정하고 가격을 상품군에 맞게 책정하는 것 또한 매우 중요한 일이다.

인적 자원 구성하기(인적 네트워크)

요즘은 1인 기업도 많고 실제로 1인으로 사업하는 사람들도 많지만 처음 자기 사업 프로젝트를 시작하는 우리가 혼자 뭔가를 한다는 것은 매우 어려운 일이다. 그래서 여러분은 그동안 개인 퍼스널 브랜딩을 통해 잘 닦고 관리하던 자신의 인맥을 동원해 함께 프로젝트를 진행할 사람들을 모으는 것이 중요하다. 이때 중요한 점은 최대한 사람들의 성향을 잘 파악해 각 사람의 성향과 재능에 맞는 분야에 배치하는 것이다.

홈페이지 만들기

자, 이제 상품군 개발과 진행비 또 인적 자원들이 갖춰졌으면 본격적으로 고객을 만나러 나가자. 이때 중요한 부분은 고객은 지금 당장 내 상품을 구매해줄 고객과 앞으로 내 상품을 구매할 잠재 고객으로 나눠진다는 것이다. 그래서 항상 우리 회사에 관심을 갖고 있는 고객과 소통할 수 있는 콘텐츠가 필요하다. 그래서 웹상에 회사 홈페이지를 만들어놓는 것도 고객들과 소통하는 좋은 방법이 될 수 있다. 홈페이지는 최대한 깔끔하고 간결하게 만들되 우리 회사에서 고객들에게 팔려고 하는 상품에 대해 가능한 한 구체적으로 표현하는 것이 중요하다.

수입 배분하기

무언가 자기 자신만의 사업을 통해 적지만 수입이 창출되는 과정을 경험했다면 청소년기에 다른 일반적인 사람들이 할 수 없는 매우 좋은 경험을 한 것이다. 이제 남은 문제는 수익의 분배인데, 처음 프로젝트 진행에 들어간 비용을 제외하고 각자 일의 역할 분담과 노력에 따라 정당하게 수익을 분배하는 연습도 꼭 해보길 바란다. 그리고 만일 구성원 모두가 동의한다면 생애 처음 프로젝트를 통해 의미 있게 번 돈이므로 어려운 이웃을 돕는 좋은 일에 쓰는 것도 의미 있는 일이라 생각된다.

18

브랜드 아이덴티티 키우기

청소년 커리어 브랜드 맨 마지막 법칙은 지속적으로 본인의 아이덴티티를 키워나가는 것이다. 자신의 아이덴티티는 절대 한 번에 완성되지도 않고, 또 한 번에 무너지지도 않는다.

지금까지 설명한 청소년 커리어 브랜딩 법칙에 따라 열심히 노력한 1318들은 어느 순간 자신이 마법을 부려 딴 세상 사람이 되어 있는 것을 경험할 것이다. 다른 친구들이 대입과 취업에 어려워할 때 이 방법대로 열심히 노력한 친구들은 좋은 조건으로 취업이 되고 자신이 원하는 대학에 합격하는 놀라운 경험을 할 수 있을 것이다.

브랜드 아이덴티티는 생명이 있는 존재다. 조급하게 단시일에 생기고 없어지는 존재가 아니라 꾸준히 자신의 내면에서 길러지고 생성되고 소멸되는 것이 퍼스널 브랜딩이므로 이 책에 제시된 청소년 커리어 브랜딩 열여덟 가지의 법칙을 꾸준히 하나씩 이루어가며 여러분만의 훌륭한 퍼스널 브랜드를 성장시켜나가길 바란다.

PART 02

우리나라 청소년
브랜딩 사례

이번 장에서는 그동안 내가 만나 도움을 줄 수 있었던 친구들을 사례로 1318 친구들이 자기 자신의 브랜드를 스토리텔링하고 만들어나갈 수 있었던 사례를 이야기하겠다.

모델이 되고픈 성은이

끝까지 포기하지 않는 마음

사진 봉사를 통해 알게 된 중3 성은이는 모델이 꿈인 친구였다. 우월한 체격 조건에 감정 표현이 능숙한 성은이에게 한 가지 문제는 부모님이 모델이 되겠다는 성은이의 꿈을 반대한다는 거였다. 공무원으로 평생을 일해오신 아버지는 절대로 성은이가 모델이 되는 것을 허락하지 않으셨다.

답답한 마음을 다스릴 겸 성은이는 자신이 필요로 한 곳이라면 어디라도 가서 기꺼이 사진 촬영에 응하는 것으로 자신의 꿈을 키워나갔다. 성은이는 좋은 곳에 자신의 재능을 쓰곤 했는데, 예를 들어 고아원이나 양로원 자선 행사가 있을 때 길거리에서 음악에 맞춰 사람들의 시선을 끌거나 자선 모임 전단지 모델로 활동하며 착실히 자신의 꿈을 키워나가던 중 성은이의 이런 활동들이 마음에 들지 않으셨던 아버지의 강요에 의해 강제로 지방의 한 기숙사 학교로 전학을 가게 됐다. 그곳에서도 착하고 싹싹한 성은이는 어려운 친구들에게 봉사를 하며 열심히 살아갔지만 점점 자신이 해오던 활동들과 꿈에서 멀어지게 되자 성은이는 극심한 우울증에 빠지게 되어 사람들을 기피하는 병이 생기게 됐다.

그리고 나는 매번 나가던 사진 봉사 시간에 우연히 이런 성은이의 사정을 듣게 되었다. 지금 생각해보면 카메라 앞에서 환하게 웃던 성은이의 모습이 너무나 생생하게 느껴지고 다양한 동작과 포즈를 연출하며 행복해하던 성은이의 모습이 생각나서, 나는 무작정 성은이가 전학한 학교로 성은이를 만나러 내려갔다.

2년 만에 다시 만난 성은이는 꽤나 어두워 보였다. 하지만 다행히 사진 촬영을 통해 깊은 교감을 느낄 수 있었던 친구여서 그런지 오랜만에 보는 나를 반갑게 맞아주었고, 우리는 자연스레 요즘 패션 트렌드와 아이템들에 대해 이야기를 나누었다. 기차 시간이 다 돼 성은이를 기숙사에 두고 다시 돌아서야 하는 발걸음이 떨어지지 않았지만 성은이가 잘 있는 모습에 안도하며 나는 그날 밤 서울로 올라왔다.

그리고 며칠 뒤 성은이에게 전화가 왔다. 이렇게 살아가는 자신의 모습은 도저히 자기 자신의 삶이 아니라는 말과 함께 성은이는 자신의 이런 모습에서 벗어나고 싶다고 내게 말했고 나도 그런 성은이에게 무엇이든지 도움이 되고 싶어서 우리는 무언가 함께 해볼 수 있는 일들을 찾기로 결심하고 그 주 일요일에 다시 만나 어려운 아이들을 돕는 게릴라 패션쇼를 기획했다.

우리는 우리가 하는 일들이 우리의 꿈을 이루어가는 소중한 경험이 되었으면 좋겠다고 생각했고, 또한 이 과정을 통해 미약하지만 다른 사람들에게 도움이 될 수 있는 기회가 되길 바랐다. 그래서 이번 패션쇼를 통해 어려운 아이들에게 조금이나마 기부금을 전달할 수 있는 방향으로 패션쇼를 기획하고 준비해나가기 시작했다.

아무것도 없이 열정 하나로 시작한 일이라 모든 게 막막했다. 우선 패션쇼를 진행할 공간과 모델들을 어디서 섭외해야 할지, 또 패션쇼에서 보여줄 옷들은 어디서 구할지 막막하기만 했다. 그래서 나는 인터넷으로 우리나라 패션학과가 있는 대학교 리스트를 정리하고 하나하나 전화번호를 찾아 각 대학교의 패션학과에 일일이 전화를 해서 우리의 취지를 알리고 도움을 요청했다.

하지만 첫 시작부터 쉬운 일이 아니었다. 100통도 넘게 대학에 전화를 했지만 다 거절당하고 우리는 거의 탈진이 되어 자리에 주저앉았다. 이렇게 무모하게 시작하는 것이 아니라는 생각과 함께 우리나라에서 고등학생이 무엇을 시도하는 것 자체가 참으로 벅차고 힘든 일이라는 걸 알았다. 그리고 여태까지 내 욕심만 부린 것은 아닌지 성은이에게 미안한 생각이 들었다.

하지만 옆에 지쳐 잠든 성은이의 모습을 보며 성은이의 모습이 참 평안하다는 생각이 들었다. 부모님의 반대와 고민으로 항상 무언가 쫓기듯 어두운 성은이었지만, 지금 성은이의 모습은 마치 예전 내 카메라 앞에 섰던 성은이의 모습과 비슷해져 있는 것을 보면서 내가 포기하면 성은이의 꿈이 여기서 사라질 것만 같아 다시 방법을 찾기 시작했다.

그렇게 며칠을 고민 하던 중 대학교에만 패션학과가 있는 것이 아니라는 생각이 문득 들었다. 패션을 배우고자 하는 열정 있는 사람들이 대학에만 있는 것이 아니라는 생각이든 나는 직접 서울에 있는 한 패션 학원을 찾아가서 학원 처장님을 만나 우리의 패션쇼 의도를 자세히 말씀드렸고 우리의 말을 끝까지 들으신 처장님은 학원생들에게 말해보겠다고 하셨다. 우리는 거기서 포기하지 않고 수도권에 있는 패션 학원들을 직접 돌며 우리의 의사를 자세히 말씀드렸고 결국 우리의 이런 노력이 통했는지 지방의 한 패션 학원 쪽에서 게릴라 패션쇼 지원을 약속해주셨다.

학원 졸업생 및 수료생 언니 오빠들의 도움을 받아 우리는 패션쇼에 필요한 옷가지와 모델 들을 충원했다. 하지만 문제는 이번 패션쇼에서 수익이 발생해야 하는데 어떻게 수익을 발생시킬 수 있을지가 고민이었다. 오히려 자원봉사로 우리를 도와주시는 언니 오빠들의 자비가 더 들어갈 상황이라 더 이상의 패션쇼 진행은 무리로 보였다. 한참을 고민하던 중 사진 봉사를 하러가던 아동 센터의 한 아이가 생각났다. 내가 사진을 찍어줄 때면 항상 이리저리 포즈를 취하던 이슬이가 생각나 이번 행사 모델로 아동 센터 아이들의 도움을 받으면 좋겠다고 센터장님께 말씀을 드렸고 센터장님도 아이들에게 의미 있는 일이 될 것 같다며 흔쾌히 허락해주셨다.

우리는 가까스로 게릴라 패션쇼를 진행할 수 있게 되었다. 아이들

옷까지 챙기느라 자원봉사자 언니 오빠 들은 매우 바쁘셨지만 우리에게 불평 한마디 하지 않았고, 성은이는 아이들에게 워킹 연습을 시키며 바쁘게 하루하루를 보냈다.

이제 이번 행사에 와줄 손님들만 불러 모으면 됐다. 하지만 또 이 부분이 문제였다. 어디에 부탁을 해서 게릴라 패션쇼에 손님들을 불러 모을지가 큰일이었다. 고민 끝에 아동 센터 아이들이 다니는 교회 목사님을 만나 말씀드렸고 크리스마스 전이니 교회 행사로 이번 패션쇼를 진행해 보시는 게 어떻겠냐고 부탁드렸다. 목사님은 교회 장로님들과 의논해보고 얘기해주시겠다고 말씀하셨고, 3일 후 우리는 교회 찬양 예배가 끝나고 게릴라 패션쇼를 할 수 있다는 연락을 목사님으로부터 받을 수 있었다.

패션쇼 당일 교회 찬양 예배가 끝나고 성도들은 거의 다 남아서 우리 패션쇼를 보아주셨다. 아이들이 다리가 꼬여 넘어지고 옷을 늦게 갈아입어 단추도 다 채우지 못하고 무대에 등장했지만 성도와 가족들은 즐겁게 우리의 게릴라 패션쇼를 보아주셨다.

끝으로 성은이가 워킹을 시작했다. 착하고 예의바른 동생, 언제나 자신의 재능으로 남을 도울 때 힘든 내색 하나 하지 않고 봉사를 하던 아이, 자신의 꿈에 다가서고 싶지만 그렇지 못한 현실에 실망하며 아파하던 성은이의 워킹이 시작됐다. 그날 성은이의 워킹은 내가 보던 중 최고였다. 그리고 이 당당한 발걸음이 미래 성은이가 꿈과 희망을 이룰 발걸음이라는 생각이 들었다.

패션쇼는 성공리에 끝마쳤다. 그리고 패션쇼를 보러 와 주신 성은이 아버님의 특별 허락으로 성은이는 다시 지방 기숙사 학교에서 서울 학교로 올라올 수 있었다. 지금 성은이는 학교와 학원을 병행하며 열심히 자신의 꿈을 이루기 위해 노력하고 있다. 가끔 만일 그때 내가 포기했으면 어떻게 됐을까 하고 생각해본다. 도움을 줄 사람도 아무도 없고 막막하기만 했던 그때 포기를 했다면 최소한 지금보다 좋은 결과는 없었을 것이다.

1318 친구들이 자신의 브랜드를 키워나가기 위해 노력해야 할 것은 바로 끝까지 포기하지 않는 마음가짐이다. 또 누군가가 나를 도와줄 거라는 생각을 버려야 한다. 누군가가 나를 도와주기 전에 먼저 자신이 누군가를 도와줄 수 있는 사람이 되자. 그리고 끝까지 자신의 꿈을 향해 나아가자. 포기하지 않는 마음, 바로 이것이 성은이를 통해 우리가 배울 수 있는 청소년 브랜딩 성공 법칙이다.

평범한 사람들을 위해 일하고 싶은 영주

평범함에서 적합성의 진리를 찾다

내 친구 영주는 매우 착한 아이었다. 학교에서도 모범생, 집에서도 착한 딸, 그야말로 뭐 하나 문제가 없는 친구였다. 하지만 영주는 고3에 올라와 갑자기 성적이 떨어지면서 급격히 자신감을 잃어가기 시작했다. 자신이 좋아하던 수학 과목에서 갑자기 성적이 떨어지면서 영주는 전반적인 공부감을 잃고 성적이 곤두박질치기 시작했다. 매일같이 학교, 학원, 집만 성실하게 왔다 갔다 한 영주는 자신의 이런 고민을 얘기 할 친구가 없었다. 그래서 친구인 내게 전화를 걸었다고 말했다. 나는 학교에 다니지 않아서 영주같이 모범생인 친구한테 뭐라고 해줄 말이 없었지만, 오랜만에 만난 영주의 얼굴을 보니 지금 영주가 겪고 있는 일들이 짐작이 갔다. 영주는 자신의 이런 문제를 해소할 수 있는 방법을 모르고 있었다. 매일 학교에서 선생님의 칭찬만 듣던 아이, 친구들 간에는 정말 모범생으로 불리던 영주는 어느 날 갑자기 자기 자신에게 닥친 이 문제를 스스로 해결할 수 있는 방법을 전혀 모른 채 방황하고 있었다.

나는 영주에게 무엇이 하고 싶은지 물었다. 영주는 답답하다고 말했고 우리는 함께 한강공원을 산책하며 맑은 밤공기를 마시며 이런저런 이야기들을 나누었다. 영주는 내게 무엇이 되고 싶은지 물었고 나는 사람들에게 도움이 되는 경영인이 되고 싶다고 말했다. 영주는 학교도 다니지 않고 있는 내가 어떻게 사람들에게 도움이 될 수 있는 경영인이 될 수 있냐고 물었다. 나는 학교에서 배우지 않는 것들을 나름대로 경험하며 사람들과 함께 소통하기 위해서 노력하고 있다고 이야기했다. 영주는 내 이야기가 신기한 듯 이것저것을 물었다. 나는 영주에게 그동안 내가 만난 사람들과 내가 진행해온 프로젝트들을 얘기해주었다. 내 이야기를 듣던 영주는 나를 좀 특이한 아이처럼 바라보았다. 그리고 지금 내가 하고 있는 일들은 일반 고등학생으로서는 꿈도 꿀 수 없는 일이라고 말했다.

하지만 나는 봉사를 하고, 사업 아이템을 구상하고, 내가 할 수 있는 부분에서 최선을 다하는 것이 꼭 나만 특별히 할 수 있는 일이 아니라고 말했다. 실제로 내가 만나고 함께 소통했던 친구들 중에는 나보다 더 많은 친구가 자신의 삶을 위해 노력하고 있다는 말과 함께 늦은 시간이라 집에 가자고 영주한테 말하며 자리를 일어섰다.

며칠 후 영주한테서 전화가 왔는데 자신도 나처럼 뭔가를 해보고 싶다고 했다. 나는 영주에게 미래 목표가 무엇이냐고 물었고 영주는 한동안 가만히 있다가 사실 무엇이 되고 싶은지 잘 모르겠다고 대답했다.

그동안 그렇게 열심히 생활해온 영주가 이런 말을 하리라는 것은 참으로 놀라웠다. 꿈도 없이 어떻게 그렇게 어렵고 힘든 시간들을 달려올 수 있었을까, 목표도 희망도 불분명한 상황에서 어떻게 내 친구는 학교와 집에서 인정받는 삶을 살아올 수 있었을까라는 안스러운 마음이 들어 나 또한 한동안 말을 못했다. 영주는 자신이 되고 싶은 게 뭔지, 미래에 무엇을 하고 싶은지 함께 찾고 싶다고 내게 말했고 나는 주저 없이 같이 찾아보자고 대답했다.

우리는 주말에 만나 많은 얘기를 나눴다. 그러면서도 영주는 내심 학원을 빼먹고 지금 이렇게 나와 만나 이야기하고 있는 시간들이 불안한 눈치였다. 시간에 쫓기듯 무언가를 해야만 했던 그동안의 습관들이 고스란히 영주의 행동에 남아 있었고 나는 우선 영주가 자신의 시간을 허락한다면 영주와 함께 여행을 하면 어떨까 하는 생각이 들어서 영주에게 함께 여행을 가자고 제안했다.

부모님으로부터 1박 2일의 시간을 어렵게 받아낸 영주와 나는 한 번도 가보지 않은 아주 먼 신안 증도라는 곳을 여행지로 정하고 고속버스에 올랐다. 나는 먼저 영주의 핸드폰을 달라고 해서 전원을 끄고 영주의 가방 안에 넣어주었다. 사실 나도 아직까지 핸드폰 없이는 뭔가 허전하고 힘들지만 영주가 자기 자신에 대해 생각하기 위해 이런 행동이 필요할 것 같았기 때문에 다시 한 번 영주에게 동의를 구하고 창밖으로 지나가는 경치를 바라보았다. 아무 말도 없는 것, 그리고 아무런 제약도 받지 않는 것 정말 이런 것들이 생소하고 낯설었지만 영주와 함께한 여행은 내게도 많은 것을 깨닫게 해주는 여행이었다.

오랜 시간 버스와 배를 타고 신안 증도에 있는 한 리조트에 도착했다. 너무 늦게 도착해 저녁 먹을거리도 없고 해서 간단하게 컵라면으로 저녁을 때우고 근처 산책을 나갔다. 순간 밤하늘에 쏟아지 듯 아름다운 별들이 우리 머리 위로 장엄하게 펼쳐졌는데, 나와 영주는 그만 너무 좋아 서로 손을 맞잡고 하늘을 바라보며 환호성을 질렀다. 영주와 나는 오랜 시간 걸으며 서로 잊고 있었던 일들을 얘기했다.

지금 생각해보니 영주와 난 매우 친한 친구였다. 누가 괴롭히면 서로 힘이 되어 주고 했던 친구가 이렇게 중요한 시점에서 성적 문제로 고민하고 있으니 나도 마음이 아팠다. 영주는 자신이 뭔가 탁월하게 잘하는 것이 없는 게 문제라고 내게 속마음을 말했다. 공부는 중학생 때까지는 특별히 잘하지 못했지만 고등학교에 올라와서 노력으로 점점 잘할 수 있었고, 지금 자기가 이렇게 성적이 떨어지는 이유는 이제 다른 친구들의 노력에 밀려서 그런 거라고 자책하고 있었다.

나는 머릿속으로 옛날의 영주를 가만히 기억해보았다. 솜털이 아직도 다 가시지 않은 얼굴로 영주는 수줍게 내게 말을 건넸고 나도 그런 착한 영주가 좋아서 우리 둘은 금방 친해질 수 있었다. 나는 영주에게 예전 영주가 취미로 곧잘 불었던 플룻을 지금도 불고 있냐고 물었고 영주는 안 분 지 꽤 오랜 시간이 지났다고 대답했다. 영주는 이번 여행을 통해 잊었던 옛날 일들을 하나둘 떠올리는 것 같았다. 별을 보고 뜨거운 허브 차를 마시고 가만히 자리에 누워 나는 영주가 특별히 어느 한 군데 빠지거나 모자라는 것이 없는 친구라는 생각이 들었다. 영주는 지금 그렇게 자신이 무엇이 되고 싶은지 목마르게 찾고 있지만 내가 생각하는 영주는 자신이 되고 싶은 것에 대한 가능성이 다양하게 열려 있는 친구라는 생각이 들었다. 자신을 평범하다고 생각하는 내 친구 영주지만 사실 이 세상에서 가장 어렵고 힘든 것이 평범한 것이라는 것을 나는 그동안의 경험들을 통해 익히 알고 있다. 여행에서 돌아와 나는 내 생각들을 가만히 영주에게 얘기해주었다. 너는 평범한 것이 아니라 모든 것에 적절한 재능을 골고루 갖추고 있는 것이라고 나는 영주에게 진심으로 얘기해주었다.

몇 달이 지난 뒤 영주에게서 반가운 전화가 왔다. 다시 성적이 제자리를 찾고 있다는 말과 함께 영주의 목소리에서 생동감이 전해져왔다. 그리고 영주는 가만히 내게 이런 말을 덧붙였다. 자신은 평범하지만 이런 평범한 사람들이 잘 살 수 있는 나라를 만들고 싶다고, 자신이 평범하기 때문에 평범한 사람들 마음을 너무나 잘 알고 그들의 어려움 점들을 잘 들어줄 수 있을 것 같다고 말이다. 영주는 법학과에 지원하겠다고 했다. 나는 영주가 평범한 사람들의 마음을 잘 알고 그들을 위해 일하는 좋은 변호사가 되길 기원한다.

이번 사례에서 영주를 통해 평범함이라는 것에 숨겨져 있는 적합성을 1318친구들에게 얘기해 주고 싶다. 퍼스널 브랜딩은 자기 자신에게 가장 잘 맞는 재능과 달란트를 찾아 그 꿈을 이루는 과정을 노력하는 것이다. 그래서 혹 어떤 사람들은 퍼스널 브랜딩을 하기 위해서는 어떤 분야에 매우 뛰어난 재능이 있어야 한다고 생각한다.

　　하지만 꼭 그런 것만은 아니다. 재능이 늦게 발견되는 사람도 있고, 모든 것을 두루두루 잘 하는 사람들도 있다. 평범하다는 것은 자신에게 잘 맞는 성향의 것들이 그만큼 많다는 얘기도 된다. 부정적인 것만 생각하지 말고 항상 긍정적인 생각으로 내 자신을 바라보고 그 속에서 진정한 나를 찾기 위해 노력하는 것이 진정한 퍼스널 브랜딩 성공 법칙이다.

타인과 소통하고
배려하는 능력을 배운 유민

진정한 글로벌 리더의 역량을 배우다

나는 살면서 항상 부러운 사람이 있었다. 바로 우리 엄마 친구의 딸 유민 언니다. 유민 언니는 소위 말하는 엄친딸로 자신의 분야에서 발군의 능력을 발휘하는 언니다. 외교관이 꿈인 유민 언니는 미국 교환 학생을 다녀온 후 더욱더 자신의 목표에 근접해가는 듯 당당하고 활동적으로 보였다. 너무나 자신의 주관이 확고해서 어떨 때는 친구들의 말을 자르기도 하고 무시하기도 했다.

학교 축제 때 결국 일이 터졌다. 자신이 모든 것을 다 맡아서 하려고 하다 보니 일이 진행이 안 된다며 내게 도움을 요청해왔다. 나는 언니가 평소에 친구들을 대하는 것을 많이 본 경험이 있어서 언니에게 먼저 친구들과 마음을 열고 프로젝트를 함께 진행해보라고 조언해주었다. 하지만 언니는 자신이 친구들보다 더 잘 아는데, 경험이 부족한 친구들보다는 자기 자신이 알아서 일들을 처리하는 것이 더 나은 게 아니냐며 오히려 내게 핀잔을 주었다. 혼자 공부를 하거나 일을 진행할 때는 언니 말이 맞겠지만 서로가 함께 어울려 일을 진행할 때 리더로서 가장 필요한 요건은 모두를 아우를 수 있는 성품과 자질이라는 것을 언니는 아직 모르고 있었다.

그렇게 시간이 지나고 언니 학교 축제 일주일 전에 언니한테서 다급한 전화가 왔다. 갑자기 배가 아파서 병원에 입원해 있다는 거였다. 혼자 그 많은 축제 준비를 다 하다 보니 언니는 쓰러지고 만 것이다. 급성 장염으로 병원에 입원해 있는 언니에게 병문안을 갔다. 며칠 새 부쩍 안 좋아진 언니의 모습을 보며 한편으로 걱정도 많이 되고 언니를 도와 줄 수 있는 방법이 없을까 생각하던 끝에 우선 언니가 혼자 진행하던 일들을 지금이라도 친구들과 분담하는 게 좋겠다는 생각이 들어 언니와 가장 친한 친구인 화영 언니한테 전화를 걸었다.

병원에서 만난 화영 언니는 한편으로는 언니를 걱정하는 듯했지만 약간 언니한테 짜증이 나 있는 것 같아 보였다. 그래도 우선 학교 축제가 먼저였으므로 나는 유민 언니가 해오던 일 중에서 완료된 것과 아직 완료되지 못한 것들을 골라 목록표를 만들고 화영 언니에게 아직 완료되지 않은 일에 맞는 지원군을 요청했다. 언니가 아직 마무리를 하지 못한 축제 일은 강당에 놓을 의자 구매와 학술제 때 오실 외부 강사 영입, 또 중창단 섭외 및 장기 자랑 때 입고 나갈 의상 구매였다.

나는 먼저 화영 언니에게 의자 구매와 의상 구매를 부탁했다. 사실 언니를 병원으로 부른 이유 중 축제 준비에 시간이 별로 남아 있지 않은 관계로 동대문에서 가게를 하시는 화영 언니 아버님께 부탁을 드리면 빠를 것이라는 생각도 있었다.

나머지 학술제 때 강의를 해 주실 외부 강사 섭외가 큰 문제였다. 화영 언니를 통해 언니 반 친구들 중에서 강의를 해주실 학부모님이나 혹은 외부 선생님들이 있는지 알아보라고 부탁을 하고 나는 나대로 강사를 알아봤다. 하지만 일주일밖에 남지 않은 시간에 강의를 해주실 선생님을 섭외하는 것이 생각처럼 쉬운 일이 아니었다.

주변에 아는 선생님들이나 친구 부모님들한테도 부탁해봤지만 시간이 촉박해 번번이 거절을 당했다. 축제는 점점 다가오고 장염에서 나온 언니도 백방으로 선생님을 수소문해봤지만 우리 스케줄에 맞는 선생님을 구하기가 어려웠다. 그렇게 시간은 흐르고 축제 이틀 전 언니와 나는 아무리 노력해도 구해지지 않는 선생님 문제로 속을 썩고 있었다.

그때 갑자기 생각난 것이 있었는데 유독 언니가 어렸을 때부터 무서워하던 예전 중학교 때 사회 선생님이 생각났다. 그분은 지금 중학교를 그만두시고 대학에서 강의를 하고 계셨는데 이번 학술제 주제하고 잘 맞고 해서 나는 그냥 슬쩍 언니에게 그 선생님을 찾아가 보면 어떻겠냐고 얘기했다. 처음에는 별로 내 말에 귀 기울이지 않던 언니도 더 이상 어쩔 수 없이 시간이 촉박해지자 예전 사회 선생님 전화번호와 집주소를 수소문해서 선생님과 어렵게 만나기로 약

속을 했다.

나는 갑자기 왜 그렇게 당당한 언니가 예전 사회 선생님 앞에서는 그렇게 쩔쩔 매는지 궁금해져 물어봤다. 언니는 한참 있다가 자신이 외교관의 꿈을 꿀 수 있게 해준 선생님이 바로 예전 사회 선생님인데, 언니가 중학교 때 반장으로 일을 하면 번번이 담임이셨던 사회 선생님께 꾸중을 들었다고 하며, 아마 그때도 언니 혼자서 모든 걸 다 하려고 하는 것을 담임 선생님이셨던 사회 선생님이 나무라셨던 것 같다고 얘기했다. 언니는 어렵게 그렇게 무서워하던 사회 선생님을 만났고, 지금 대학교 교수님이 되신 예전 사회 선생님은 흔쾌히 언니 부탁을 들어주셨다고 한다. 그렇게 무사히 학교 축제가 마무리되고 언니에게서 문자가 왔다.

예전 그렇게 무서워 하던 선생님과 다정하게 찍은 사진과 함께 언니는 진정한 리더십은 교환 학생으로 미국을 다녀온 자기 혼자 모든 일을 독차지해서 다 해결하려고 하는 것이 아닌 친구들과 함께 의논하고 대화하며 일을 해결해나가는 능력이라는 것을 이번 기회를 통해 배울 수 있었다며 내게 고맙다는 메시지도 잊지 않았다.

이번 유민 언니 예를 통해 내가 배울 수 있었던 것은 진정한 리더십이 무엇인가였다. 진정한 리더십은 남을 뭉개고 올라서는 것이 아닌 다른 사람들과 화합하는 조화의 능력이다. 하지만 타인을 이기는 심리에 익숙한 우리들에게 남을 배려하고 타인과 함께 가려는 노력은 부족한 것 같다. 퍼스널 브랜딩을 통해 자신의 꿈을 이루어나갈 1318 친구들은 꼭 기억하길 바란다. 진정한 리더십은 타인과 함께 소통하고 그 소통을 위해 노력하는 과정이라는 것을, 그리고 이것이 진정한 퍼스널 브랜딩 성공법칙이라는 것을 말이다.

병약한 몸으로 공모전에 도전한 설희

역경 속에서 발전에 매진해 성공으로 승화하다

초등학교 친구인 설희는 일본에서 공부를 잘하는 친구였다. 그러나 얼마 전 몸이 좋아 한국에 돌아왔다는 얘기를 듣고 실로 10년 만에 설희를 만나러 갔다. 오랜 만에 본 설희 어머님은 나를 반갑게 맞아 주셨고 설희 또한 나를 반갑게 맞아주었다. 그런데 설희는 내가 생각했던 것보다 몸이 안 좋아 보였다. 오랜만에 한국으로 온 친구는 모든 것이 다 신기한 듯 내게 이것저것을 물어보았다.

몸이 안 좋은 설희 혼자 여기저기 다니는 건 불가능했고 나는 설희와 함께 남산, 명동 등을 다니며 변화한 서울을 보여주기 위해 노력했다. 매번 병원에 다녀올 때마다 풀이 죽어 돌아오는 친구를 보며 무언가 내가 도와줄 수 있는 일이 없을까 생각했다. 하지만 설희는 번번이 내 호의를 거절했고 자연스럽게 우리들은 또 연락이

뜸해졌다.

그러던 어느 날 설희에게서 전화가 왔다. 설희는 오래전부터 자신이 하고 싶었던 관광 콘텐츠 공모전에 나가기로 결심했다고 하며 내게 도움을 부탁했다. 나는 기꺼이 설희를 돕겠다고 얘기했고 우리는 다음 날부터 관광 콘텐츠 아이디어 공모전 준비를 시작했다.

설희가 하고 싶은 프로젝트는 외국에서 처음 오는 사람들이 그 나라의 사정을 잘 모르기 때문에 믿을 만한 그 나라 현지인들이 직접 외국인들을 안내하는 프로젝트였다. 이 프로젝트가 성공하기 위해서는 외국인들에게 친절하게 한국을 소개할 사람들이 필요했다.

아직 우리 둘 다 학생들이라 돈을 주고 사람을 쓸 수는 없는 일이어서 우리는 우선 이 부분에 대해 많은 고민을 했다. 자신도 외국인들을 상대하면 좋고 외국인들도 만나면 좋을 사람들을 생각하던 중 나는 명동에서 가계를 하는 상인들을 생각했다. 설희와 나는 실제로 명동에서 가계를 하는 상인들이 우리 얘기에 귀 기울여주실지 궁금해서 곧바로 명동으로 가 상인들을 만나봤다.

하지만 결과는 우리가 생각했던 썩 좋은 결과는 아니었다. 손님을 상대로 물건 팔기도 바쁜 시간에 외국인들에게 우리나라의 정보를 자세히 가르쳐주는 것은 역시 아직 현실을 모르는 우리만의 치기였다. 하지만 그래도 몇몇 상인들은 우리 얘기에 관심을 가져주셨고 만일 물건을 팔면서 자신들이 외국 사람들에게 한국 정보에 대해 자세히 설명하면 뭔가 가계에 도움이 되면 좋겠다는 조언도 해주셨다. 나는 설희와 하루 종일 명동의 가계를 돌아보며 명동에는 비슷한 가게들이 많다는 것을 깨달았다. 친구들의 퍼스널 브랜딩을 돕고 있는 나로서는 명동에서 물건을 판매하는 상인들의 차별화가 결국 그분들 이익에 집결될 수 있을 거라는 사실을 깨달았다.

명동처럼 외국인들이 많이 다니는 곳에서 상점을 하는 상인들 중에 외국인들에게 자상하게 한국의 정보를 제공하고 그래서 자기 가게의 이미지를 높일 수 있는 방법은 상인들에게도 이미지를 활용한 마케팅 방법으로 훌륭하게 활용될 수 있다는 생각이 들어 '양심 가게'라는 이름으로 가게 앞에 작은 간판을 설치하고 한국에 대한 정보가 필요한 외국 관광객들은 양심 가게에 들어가 이것저것 정보를 물으며 자신이 필요한 물건도 구매할 수 있는 아이디어를 구체화시키기 시작했다.

설희는 조금 더 지속적인 네트워크를 통해 이런 시스템이 명동뿐만 아니라 전국의 외국인들이 많이 모이는 장소로 전파되기를 원했고 나는 설희와 함께 몇 번의 회의를 거친 뒤 드디어 SNS를 활용한 양심 가게의 홍보 전략을 구체화시켰다. 우리 방법은 외국인들이 많이 모이는 전국 관광지에 업체별로 양심 가게 신청을 받고 경쟁 입찰을 통해 질적으로 우수한 가게를 선정, 업체별 거리 제한을 두고 양심 가게를 선정한다. 그리고 양심 가게 상인들을 대상으로 관련 기관에서 한국에 대한 가이드라인을 교육 한 후 양심 가게를 오픈하게 되는데, 통신사와 문화체육관광부의 지원을 받아 SNS를 통해 각 지역에 있는 양심 가게들을 후원하고 홍보하게 되는 제법 구체적인 아이디어들이 모아 공모전에 제출했다.

그 후 이 공모전이 계기가 되어 설희는 조금 더 한국에 대한 많은 것들을 공부하고 싶다며 지방에 있는 한 관광 대학교 평생 교육원에 입학했다. 물론 아직도 설희가 건강이 좋아진 것은 아니지만 건강 때문에 무언가를 못 한다기보다는 설희는 자신이 좋아하는 것을 배우고 행하며, 오히려 자신의 문제를 잊으려는 듯 모든 것을 열심히 해나가고 있다.

설희의 경우는 자신의 아픔을 오히려 성공할 수 있는 에너지로 승화시킨 사례다. 출발점이 다 좋을 수는 없다. 자신의 역경까지도 진정으로 받아들이고 그 속에서 자기 자신의 발전을 위해 더욱 매진하는 것 또한 진정한 퍼스널 브랜딩 법칙이다.

고교 입시는 실패했으나
대학 입시는 성공한 정인
세상을 바라보는 또 다른 관점을 배우다

일반 고등학교를 다니다가 예술고등학교를 가기 위해 학교를 자퇴한 정인 언니는 소설가가 되는 게 꿈이었다. 항상 혼자만의 시간을 갖는 것을 좋아했고, 다른 사람들이 똑같이 생각하는 것에 대해 언니는 자신만의 생각과 의미를 부여하기 위해 노력했다. 그래서 언니는 다른 사람들과 어울리는 것보다는 자기 자신의 시간을 더 갖기를 원했다. 그래서인지 학교에서 친구들한테 왕따를 당한 경험이 있다고 내게 말했다.

바싹 마른 체격의 언니는 문학에 대한 얘기만 나오면 눈을 반짝이며 자신의 의견을 얘기하곤 했는데 보통 우리들이 연예인이나 다른 것들을 얘기할 때와는 다른 정말 살아 있는 모습을 볼 수 있었다. 하지만 문제는 이런 문학과 소설에 대한 이야기를 할 만한 친구가 언니 주변에는 별로 없다는 거였고, 우연히 한 모임에서 만난 언니는 그래도 나와 얘기가 잘 되는지 내게는 자신의 생각을 끊임없이 털어놓곤 했다.

언니와 함께 커피숍에 앉아 있으면 언니는 몇 시간씩 아무 말 없이 옆 테이블이나 다른 테이블에 앉아 있는 사람들의 행동을 보고 상황을 추측하며 자기 나름대로 이야기를 만들어나갔는데, 언니의 이야기에 맞춰 상대 테이블 사람들의 모습을 보면 나름 재미있는 한 편의 드라마가 만들어지곤 했다. 나 또한 영화에 관심이 많아 몇 편의 단편을 만든 경험이 있기 때문에 언니와 종종 만나 즐거운 시간을 보내곤 했다.

그런데 이렇게 당당한 언니가 자신이 그토록 바라던 고등학교 문예창작학과 시험에서 떨어졌다. 그것도 잘 다니던 고등학교를 그만두고 오직 자신의 꿈을 위해 시험을 준비한 언니에게는 너무나 충격적인 일이었다. 언니는 자신의 재능에 대해 깊이 회의하기 시작했다. 그런 언니를 보는 나는 너무나 두려웠고, 혹시나 언니가 나쁜 마음을 먹지나 않을까 걱정도 되었다. 그리고 그렇게 언니와 연락이 끊겼는데, 나는 어느 날 우연히 공모전에 언니가 쓴 글이 1등을 한 사실을 보고 깜짝 놀랐다. 그리고 부랴부랴 언니에게 전화를 걸었다.

오랜만에 만난 언니는 예전보다 많이 성숙해 보였다. 번번이 고등학교 문예창작학과 시험에서 낙방했지만 포기하지 않고 검정고시를 통과해 직접 대학의 문예창작학과 시험을 보고 합격했다고 했다. 언니는 번번이 고등학교 문예창작학과 입시에서 떨어지면서 자신의 재능에 대한 깊은 회의감과 자괴감이 들었다고 했다. 만일 여기서 언니가 입시를 포기했다면 지금의 언니는 없었을 것이다.

하지만 언니는 끝까지 포기하지 않고 더 높은 곳의 문예창작학과에 도전했다. 검정고시를 통해 대학에 진학할 수 있는 일정한 자격을 만든 후 자신이 그토록 의심하고 회의하던 자신의 생각과 상상력 들을 더 강하게 몰아붙여 완벽하고 단단해진 자신만의 언어를 어느 정도 만들어낼 수 있었고, 이 부분들이 대학의 문예창작학과 선생님들에게는 긍정적으로 평가받을 수 있었다.

나도 사진과 영화를 통해 작품들을 만들어 오고 있으므로 언니의 그간 고생들이 정말 살을 깎는 고통이었다는 것을 너무나 잘 이해할 수 있었다. 그리고 자신이 남들과 조금 다르다고 해서 좌절하고 실망하기보다는 자신의 이런 개성을 재능으로 잘 성장시킨 언니가 너무나 자랑스러워 보였다.

우리는 모두가 다 똑같은 틀 안에서 살아 갈 수 없다. 사회의 다수는 소수의 이런 부분을 질책하지만 꼭 그렇게 다수의 틀 안에서 살아야 한다는 법은 없다. 만일 자신이 남들과 조금 다르지만 이것이 자신의 재능이 될 수 있고 이 재능을 다른 사람들을 위해 쓸 수 있을 때 그리고 이런 삶이 본인이 진실로 원하는 삶이라면 정인 언니처럼 당당히 세상과 마주치는 것도 진정한 퍼스널 브랜딩 법칙이라는 생각이 든다. 그리고 우리는 그 과정 안에서 자기 자신을 성장시킬 수 있는 많은 것들을 배워나갈 수 있을 것이다.

내 것 찾기

지금까지 우리 1318 청소년들이 자신의 커리어를 만들고 브랜딩할 수 있는 구체적인 방법들을 알아봤다. 청소년 시기에 자기 계발의 중요성을 인식하고 구체적인 청소년 커리어의 브랜딩 방법으로 자신의 커리어를 개발하고 구체화시키며 상상력과 창의력으로 세상을 바라보는 새로운 관점을 키운다면 1318 친구들은 분명 남들과 다른 자신만이 원하는 성공적인 삶을 살 수 있을 것이다. 마지막으로 내가 우리 친구들에게 하고 싶은 말은 결국 청소년 퍼스널 브랜딩 법칙을 통해 잃었던 자기 자신을 찾기 위해 노력하라는 것이다. 우리는 입시와 성적이라는 굴레에서 너무나 자기 자신을 잃어가는 것 같다. 이 세상에서 가장 소중하고 가치 있는 것은 바로 자기 자신이다.

저자 백윤서

가장 행복한 3가지

	행복한 사실	구체적 이유
1순위		
2순위		
3순위		

진로 로드 맵

학년	학년별 목표	구체적 행동	익혀야 할 지식
초5			
초6			
중1			
중2			
중3			
고1			
고2			
고3			

한 대기업의 고졸 사원 공채 자기 소개서 문항

❶ 남들과 차별화되는 본인만의 강점, 특기

_____

_____

❷ 성장 과정

_____

_____

❸ 성격상의 장단점

_____

_____

❹ 봉사 활동 및 기타 대내외 활동

_____

_____

❺ 지원 동기, 희망 업무 및 포부

_____

_____

대학교 수시 입학 자기 소개서 문항

❶ 고등학교 재학 기간 중 학업에 기울인 노력과 학습 경험에 대해, 배우고 느낀 점을 중심으로 기술해주시기 바랍니다(1,000자 이내).

❷ 고등학교 재학 기간 중 본인이 의미를 두고 노력했던 교내 활동을 배우고 느낀 점을 중심으로 세 개 이내로 기술해 주시기 바랍니다. 단, 교외 활동 중 학교장의 허락을 받고 참여한 활동은 포함됩니다. (1,500자 이내)

❸ 학교생활 중 배려, 나눔, 협력, 갈등 관리 등을 실천한 사례를 들고, 그 과정을 통해 배우고 느낀 점을 기술해주시기 바랍니다 (1,000자 이내).

_____

_____

_____

_____

_____

_____

_____

❹ 고교 재학 중 진로를 위해 노력한 과정 또는 개인적 어려움이나 좌절을 극복한 과정을 사례를 들어 기술하시오(1000자 이내).

_____

_____

_____

_____

_____

_____

_____

_____

체험 로드 맵 짜기

월별 체험	문화 체험	진로 체험	봉사 체험	전공 체험	여행 체험	독서 체험
1월						
2월						
3월						
4월						
5월						
6월						
7월						
8월						
9월						
10월						
11월						
12월						

독서 기록장 쓰기

제목/저자	
줄거리	
내 생각 덧붙이기	
참고 자료	

독서 목록표

도서 목록	제목	저자 (출판사)	독서 횟수	생각 정리하기

나의 버킷 리스트

10대	
20대	
30대	
40대	
50대	

사진 출처

24쪽 Ildiko annable@flickr.com
26쪽 barry lewis@flickr.com
28쪽 bev@flickr.com
30쪽 tori rector@flickr.com
31쪽 natesh ramasamy@flickr.com
33쪽 robert couse-baker@flickr.com
35쪽 Hmecaregivestore@flickr.com
37쪽 www.Audio-luci-store.it@flickr.com
38쪽 tim regan@flickr.com
40쪽 steve jurvetson@flickr.com
46쪽 vincent diamante@flickr.com
98쪽 KOREA.NET
99쪽 KOREA.NET
107쪽 Bryan Dorrough@flickr.com
108쪽 KOREA.NET
127쪽 nacho@flickr.com
143쪽 LGEPR@flickr.com
148쪽 taberandrew@flickr.com
149쪽 InSapphoWeTrust@flickr.com
149쪽 KOREA.NET
158쪽 Jinho.Jung@flickr.com